Pierre Serge Choumoff

NATIONALSOZIALISTISCHE MASSENTÖTUNGEN DURCH GIFTGAS AUF ÖSTERREICHISCHEM GEBIET 1940–1945

Mauthausen-Studien
Band 1a

Mauthausen-Studien
Schriftenreihe der KZ-Gedenkstätte Mauthausen
herausgegeben vom
Bundesministerium für Inneres

Übersetzung des Manuskripts:
Inge Gruber, Simone Gruber, Doris Steinbacher
Bearbeitung:
Andreas Baumgartner

ISBN: 3-9500867-2-2

Impressum:

Herausgeber:
Bundesministerium für Inneres, Abt. III/7
Herrengasse 7
A-1014 Wien
Co-Herausgeber und Redaktion:
Sozialwissenschaftliches Forschungsbüro
Univ.-Lekt. Mag. Andreas Baumgartner
Karl-Meißl-Straße 4/50
A-1200 Wien
Grafische Gesamtgestaltung:
Buero8, Wien
Herstellung:
Georg Lingenbrink GmbH & Co., Hamburg – Frankfurt

Pierre Serge Choumoff

NATIONALSOZIALISTISCHE MASSENTÖTUNGEN DURCH GIFTGAS AUF ÖSTERREICHISCHEM GEBIET 1940–1945

INHALTSVERZEICHNIS

Vorwort des Co-Herausgebers 11
Einführung 13

STUDIE 1:

MASSENTÖTUNGEN DURCH GIFTGAS IN HARTHEIM 27

1 VERGASUNGEN VON DEUTSCHEN KRANKEN IN HARTHEIM 29

1.1 Die Anfänge der Euthanasieaktion 29
1.2 Die Durchführung der Aktion im Reich durch die Organisation T.4 31
1.3 Die „Euthanasieanstalt“ Schloss Hartheim 32
1.4 Bilanz der Euthanasie bis zum 1. September 1941 43

2 DIE FORTSETZUNG DER AKTIONEN 47

2.1 Die „wilde Euthanasie“ 47
2.2 Die Ermordung von Kindern 51
2.3 Das Massaker an geisteskranken deutschen Juden 52

3 TRANSPORTE IM RAHMEN DER AKTION 14 f 13 NACH HARTHEIM 55

3.1 Erste Phase: 1941 und 1942 56
3.1.1 Die Transporte von Mauthausen und Gusen ins „Häftlingssanatorium von Dachau“ (Hartheim) 56
3.1.2 Die „Invaliden-Transporte“ vom Konzentrationslager Dachau nach Hartheim 64

3.2 Zweite Phase: 1944 67
3.2.1 Die Transporte von Mauthausen und Gusen 67
3.2.1.1 „… habe auch ich einen Blick durch das Guckloch geworfen …“ 72
3.2.1.2 „Das Geheimnis des Schlosses Hartheim“ 74

3.3 Anzahl der in Hartheim vergasten Opfer 78

4 ABBILDUNGEN 81

5 ARCHIVE 82

6 QUELLENNACHWEIS 83

6.1 gedruckte Werke 83
6.2 Archivdokumente 84
6.3 Nürnberger Prozessakten 85
6.4 Gerichtsakten 85

7 ANMERKUNGEN 86

STUDIE 2: MASSENTÖTUNGEN DURCH GIFTGAS IN MAUTHAUSEN UND GUSEN 91

1 VERGASUNGEN IN DER GASKAMMER DES LAGERS MAUTHAUSEN 93

1.1 Die Gaskammer des Lagers Mauthausen 93
1.2 Der Prozess gegen den SS-Mann Martin Roth, Kommandoführer des Krematoriums 95
1.2.1 Ablauf der Vergasungen 96
1.2.2 Vergasungen und Opferzahlen, die Roth angelastet wurden 100
1.2.3 Beschreibung der Vergasung vom 24. Oktober 1942 laut Beschlusstext 101
1.2.4 Zusätzliche Vergasungen 105

1.3 Zeugenaussagen zur Gaskammer 105
1.3.1 Zeugenaussagen bezüglich der Gaskammer 105
1.3.2 Zeugenaussagen zum Betrieb der Gaskammer und zu den Opferzahlen 109

1.4 Vergasungen mit Beteiligung von SS-Obersturmführer Karl Schulze 114

1.5	**Weitere Vergasungen laut Maršálek**	**115**
1.6	**Weitere Vergasungen laut Totenbuch**	**116**
1.7	**Dokumente zur Lieferung des Zyklon B nach Mauthausen**	**117**
1.8	**Die zwei Roth-Kommandos und das Ende des Betriebs der Gaskammer**	**118**
1.8.1	Die Mitglieder des ersten Kommandos	**118**
1.8.2	Die zweite Periode	**119**
1.8.3	Die Zerstörung der Gaskammer	**121**
1.9	**Gesamtopferzahl für die Gaskammer von Mauthausen**	**122**
2	**VERGASUNGEN IM NEBENLAGER GUSEN**	**123**
2.1	**Vergasungen in den Häftlingsbaracken**	**123**
2.2	**Die Vergasung sowjetischer Kriegsgefangener (SU.Kgf.)**	**123**
2.3	**Die Vergasung von „Körperschwachen" im Block 31 des Gusener Reviers**	**126**
2.3.1	Die Zahl der Opfer	**129**
2.4	**Gesamtopferzahl der Vergasungen in Gusen**	**129**
3	**VERGASUNGEN IN SONDERWAGEN (GASWAGEN)**	**131**
3.1	**Vergasungen auf der Strecke Mauthausen – Gusen und zurück**	**131**
3.1.1	Das Gusener Krematoriumskommando	**132**
3.2	**Die zwei Typen der Gaswagen**	**133**
3.2.1	Fahrzeuge für die Vergasung mit Auspuffgasen	**133**
3.2.2	Fahrzeuge für die Vergasung mit Zyklon B	**136**
3.4	**Verwendungszeitraum der Gaswagen**	**139**
3.4.1	Gaswagen mit Zyklon B	**139**
3.4.2	Gaswagen mit Auspuffgas	**140**
3.5	**Dokumente zu den Gaswagen**	**140**
3.5.1	Das Gusener Totenbuch am 17. Jänner 1943	**140**

3.5.2 Überstellungsliste von Gusen nach Mauthausen vom 8. Juli 1943 **141**
3.5.2.1 Hypothese 1: tatsächliche und geheime Erschießung in Gusen **146**
3.5.2.2 Hypothese 2: tatsächlicher und geheimer Abtransport dieser Häftlinge **146**
3.5.2.3 Hypothese 3: Überstellung der Häftlinge zur Exekution in Mauthausen **147**
3.5.2.4 Hypothese 4: Die Häftlinge wurden während ihrer Überstellung von Gusen nach Mauthausen getötet **147**

3.6 Schätzung der Opferzahlen für die Gaswagen 149

4 ZAHL DER OPFER DURCH VERGASUNG 151

4.1 Vergasungen in den Lagern Mauthausen und Gusen 151
4.2 Vergasungen von Häftlingen aus Mauthausen und Gusen in Hartheim 151
4.3 Vergasungen auf österreichischem Gebiet (Hartheim, Mauthausen, Gusen) 152

5 ANHANG 153

5.1 Anhang 1: Registraturen der Mauthausener SS 153
5.1.1 Das Totenbuch des SS-Standortarztamtes **153**
5.1.2 Totenbuch „Verzeichnis unnatürliche Todesfälle“ **154**
5.1.3 Exekutionsbuch **154**
5.1.4 Überlegungen zu diesen Verzeichnissen **154**
5.1.5 Überprüfung des Totenbuches des Standortarztamtes anhand eines Sonderfalls **156**

5.2 Anhang 2: Berechnung der Gesamtopferzahl der Gaskammer in Mauthausen 158
5.2.1 Vergasungen in den Jahren 1942, 1943 und 1944 **158**
5.2.2 Vergasungen 1945 ohne die „Körperschwachen“ **158**
5.2.3 Vergasungen von „Körperschwachen“ im Jahre 1945 **159**
5.2.4 Gesamtzahl aller erwähnten Opfer **159**

5.3 Anhang 3: „Operationsbuch Gusen“ 159
5.3.1 Die erste Opfergruppe 160
5.3.2 Die zweite Opfergruppe 160
5.3.3 Opferzahlen der Massaker in Gusen II 161

5.4 Bemerkungen zum Geständnis „ante mortem“ von Franz Ziereis 161

6 ABBILDUNGEN 165

7 ARCHIVE 166

8 QUELLENNACHWEIS 167

8.1 gedruckte Werke 167
8.2 Archivdokumente 168
8.3 Nürnberger Prozessakten 169
8.4 Gerichtsakten 169

9 ANMERKUNGEN 171

10 PERSONEN- UND ORTSINDEX 177

NACHWORT VON WILLI DRESSEN 183

VORWORT DES CO-HERAUSGEBERS

Zu diesem Buch

Das hier vorliegende Buch bietet mit der minutiösen Studie des Autors Pierre Serge Choumoff eine äußerst präzise Darstellung der Massenmorde durch Giftgas im Konzentrationslager Mauthausen, im Nebenlager Gusen und in der „Euthanasieanstalt“ auf Schloss Hartheim.

Der Autor, der selbst von April 1943 bis Mai 1945 als Häftling in Mauthausen und später im Nebenlager Gusen interniert war, begibt sich damit zurück in jene Epoche der Zeitgeschichte, in der auch er ständig mit seiner Ermordung im Konzentrationslager rechnen musste.

Warum nimmt sich ein ehemaliger KZ-Häftling dieser Thematik an, warum beschäftigt sich jemand seit Ende der 60er Jahre mit dem Beweis einer Tatsache, die für ihn und alle ehemaligen Mithäftlinge unverrückbar feststand?

Es waren 1968 in Frankreich Zweifel an der Existenz einer Gaskammer in Mauthausen artikuliert worden; Zweifel, die nur allzu bereitwillig von revisionistischen Autoren übernommen wurden. Dieses Bestreiten der Gaskammer in Mauthausen führte auch zu weiteren Leugnungsversuchen der Gaskammern von Auschwitz und der Vernichtungslager in Polen. Nachdem keiner der etablierten Historiker den Versuch unternahm, anhand vorliegender Dokumente und Gerichtsprotokolle diese Leugnung für Mauthausen zurückzuweisen, nahm es Choumoff auf sich, diese Materie eingehend zu analysieren.

Die letzten dreißig Jahre waren daher der Sammlung von Dokumenten gewidmet, führten den Autor in zahlreiche Archive und resultierten letztendlich in der vorliegenden Studie. Ein Teil dieses Textes wurde bereits 1988 in Frankreich im Anhang des Buches von Germaine Tillion über das Konzentrationslager Ravensbrück publiziert, die letzten 12 Jahre dienten der Vervollständigung und dem Abschluss der Recherchen. Der nunmehr fertige Text wird daher in deutscher wie auch in französischer Sprache publiziert.

Es war dem Autor stets ein Anliegen, für das vorliegende Buch Beweismaterial zu finden, das ausschließlich der Analyse der Dokumente der KZ-Lagerverwaltung und der einschlägigen Gerichtsurteile entspringt, Spekulationen finden hier keinen Platz. Zahlreiche, vom Autor gesammelte und hier präsentierte Zeugenaussagen aus den Urteilsbegründungen der diversen Prozesse, runden diese Studie ab.

In den nunmehr fünf Jahren unserer konstruktiven Zusammenarbeit waren mir seine Akribie, seine Präzision und vor allem seine Motivation immer Anlass zu uneingeschränkter Bewunderung.

Zur Reihe „Mauthausen-Studien“

Die vorliegende Bände 1a für die deutsche Übersetzung und 1b für den französischen Originaltext sind der Beginn der Schriftenreihe „Mauthausen-Studien“ der KZ-Gedenkstätte Mauthausen. Diese Schriftenreihe soll ein offenes Forum für alle Forschungsergebnisse bieten, die im Kontext des Konzentrationslagers Mauthausen zu verankern sind. Es sind sowohl Monografien, die im Schnitt einmal jährlich erscheinen sollen, als auch Sammelbände verschiedener Autoren zu verschiedenen Fachgebieten geplant, welche den vorgesehenen Erscheinungsrhythmus auch durchbrechen werden und sollen.

Daher erscheint es zum Auftakt dieser Reihe durchaus zielführend, wenn, trotz aller bereits abgeschlossenen Detailplanungen für die nächsten Jahre, Forscher hiermit herzlichst eingeladen werden, ihre Vorschläge an den Herausgeber zu senden.

Wien, im März 2000
Andreas Baumgartner

EINFÜHRUNG

In dieser Publikation werden den Leserinnen und Lesern zwei Studien präsentiert, die bereits 1968 begonnen wurden und deren letzte Überarbeitung aus dem Jahr 1997 stammt (die deutsche Übersetzung stellt den Band 1a und der französische Originaltext den Band 1b der Schriftenreihe dar).

Es werden in dieser Arbeit Analysen zu folgenden Dokumenten und fallweise ihre auszugsweise Wiedergabe präsentiert:

Für das Schloss Hartheim:

- im Besonderen wird eine Seite des einzig bekannten Totenbuches präsentiert, welches anhand der vorliegenden Arbeit dieser Euthanasieanstalt zugeschrieben werden kann.
- es wird die Vertuschung des tatsächlichen Todesortes durch die Bezeichnung „Häftlingssanatorium" für jene Häftlinge bewiesen, die von Mauthausen nach Hartheim überstellt wurden.
- die erste Analyse des Geständnisses des Mauthausener Lagerkommandanten Franz Ziereis, welche die von ihm erwähnten, bisher unglaublichen Opferzahlen von Hartheim endlich verständlich macht. Somit erlangen die Angaben in diesem Geständnis, die sich auf die Gaskammer in Mauthausen, den Gaswagen und die Vergasungen in Gusen beziehen, endlich ihren wahren historischen Wert und werden nicht mehr durch unerklärbare Opferzahlen beeinträchtigt.

Für die Gaskammer von Mauthausen:

- im Besonderen das einzige Foto der Vorrichtung für die Produktion und die Einleitung des Giftgases Zyklon B, das im Mai 1945 gemacht wurde.
- eine der wenigen Seiten des Totenbuches, die den handschriftlichen Zusatz „Gaz" enthält.
- vollständige Auszüge aus den Prozessakten über die Gaskammer und die Beschreibung des Vergasungsvorganges vor dem Untersuchungsrichter aus dem Verfahren gegen den SS-Mann Martin Roth, Leiter des Krematoriums.

Für das Nebenlager Gusen:

- im Besonderen eine genaue Analyse der Seiten des Totenbuches, die mit der Ermordung jener 659 Häftlinge zusammenhängen, die am 22. und 23. April 1945 vergast wurden.

Für den Gaswagen zwischen Mauthausen und Gusen:

- im Besonderen die Klarstellung des Briefes des SS-Führers Walter Rauff, zuständig für die Bereitstellung der Gaswagen für die Massaker im Hinterland der Ostfront, mit Bezug auf die Lieferung eines solchen Gaswagens für das Lager Mauthausen.
- die Untersuchung einer Seite des Gusener Totenbuches erbringt den Beweis, dass Personen, die Mauthausen noch lebend verlassen hatten, in Gusen als tot registriert wurden, und dass deren Leichen direkt vor dem Krematorium in Gusen entladen wurden.
- die Präsentation und die Analyse einer Liste von Gusener Häftlingen, die am 8. Juli 1943 mit dem Vermerk „Exekutiert“ nach Mauthausen überstellt wurden, wahrscheinlich aber während der Überstellung im Gaswagen getötet wurden.

Hartheim muss aber trotz der vielfältigen Verflechtungen zwischen diesen Vergasungsorten gesondert vom Lagersystem Mauthausen/Gusen behandelt werden. Hartheim war Teil der Organisation „T.4“, die direkt der Kanzlei des Führers unterstand. Die beiden Lager hingegen waren den SS-Hauptämtern (Reichssicherheitshauptamt, RSHA und Wirtschafts- und Verwaltungshauptamt, WVHA) zugeordnet, deren oberster Chef Heinrich Himmler war.

Die Euthanasieaktion, die primär gegen deutsche Behinderte oder solche, die als behindert eingestuft wurden, gerichtet war, bedeutete die Vernichtung von „lebensunwertem Leben“. Dieser Begriff vom „lebensunwerten Leben“ war auch die Grundlage für die Inbetriebnahme der Gaskammer von Hartheim Anfang Mai 1940. In einer zweiten Phase von Anfang August 1941 bis zum Dezember 1944 fanden dort Häftlinge aus Mauthausen und Gusen den Tod.

Zwischen Hartheim und den Vernichtungslagern Belzec, Sobibor und Treblinka in Polen bestanden auch direkte Verbindungen, da deren Kommandanten (die SS-Männer Christian Wirth und Franz Stangl) in Hartheim bis zum Sommer 1941 für den Einsatz der Gaskammern eingeschult wurden.

Die Gaskammer in Mauthausen wurde im März 1942 fertig gestellt und stand mit Unterbrechungen bis Ende April 1945 in Verwendung, während in Gusen zweimal Vergasungen stattfanden (1942 und 1945) und die Fahrten des Gaswagens in die Jahre 1942 und 1943 zu datieren sind.

Diese Studien bildeten auch die Grundlage für eine Veröffentlichung der internationalen Arbeitsgruppe, die Hermann Langbein ins Leben gerufen hatte, das Werk „Nationalsozialistische Massentötungen durch Giftgas", erschienen in Deutschland 1983, in Frankreich 1984 und 1987 („Chambres à gaz. Secret d'Etat") und in den Vereinigten Staaten 1994 („Nazi Mass Murder"), für deren Ausgabe ich auch das Vorwort geschrieben hatte. Initiiert durch Eugen Kogon, Hermann Langbein und Adalbert Rückerl bestand diese Arbeitsgruppe aus Historikern, deutschen Justizbeamten und ehemaligen KZ-Häftlingen, die bereits historische Arbeiten verfasst hatten. Diese Veröffentlichung zeigte die Ausweitung der Massenvergasungen, die schließlich ein wesentliches Merkmal der Naziherrschaft wurden.

Trotzdem wurde 1968 in einer geschichtswissenschaftlichen Dissertation* an der Universität Paris versucht, die Existenz der Gaskammer in Mauthausen zu leugnen. Diese Dissertation beeinflusste andere Autoren**, die mit Recht „négationnistes" genannt wurden und nicht zögerten, neben der Gaskammer in Mauthausen auch die Existenz der Gaskammern von Auschwitz abzustreiten.

Für uns aber, die Überlebenden von Mauthausen, war die Gaskammer unseres Lagers eine bereits allgemein akzeptierte Tatsache, so hatten wir zumindest geglaubt.

Ich hatte daher in diesem Moment Schwierigkeiten, schnell beweiskräftige Dokumente zusammenzustellen. Gleichzeitig schrieb ich jedoch einen Protestbrief an die Redaktion von „Le Monde" in Paris, erschienen am 7. Juni 1969. Dabei wurde ich von Germaine Tillion unterstützt, einer anerkannten Ethnologin und ehemals Häftling in Ravensbrück. Auch sie konnte nicht zur Kenntnis nehmen, dass die Gaskammern von Mauthausen und Ravensbrück nur als Mythos angesehen wurden und dass die Häftlinge, die sich genau daran erinnern konnten, als Fall für den Psychiater angesehen werden sollten.

Zuerst dachte ich, dass es die Aufgabe eines Historikers wäre, die Wahrheit wiederherzustellen. Aber noch vor meinen ersten Bemühungen, als ich mir erst einmal über jene Begründungen und speziellen

* Olga Wormser-Migot, „Le système concentrationnaire nazi", PUF, Paris, 1968.

** besonders Faurisson.

Kenntnisse den Kopf zerbrach, die für die Analyse der Dokumente und für Forschungen nach möglichen Opfern notwendig wären, ermunterte mich Professor Michael de Bouard, ehemaliger Häftling in Mauthausen und Autor mehrerer Studien über Mauthausen und Gusen, eine Widerlegung dieser Behauptungen zu schreiben, die von historischer Bedeutung sein könnte.

Ich war mit der Vergabepraxis der Häftlingsnummern ein wenig vertraut, weil ich seit meiner Überstellung von Mauthausen nach Gusen als Hilfsblockschreiber eingesetzt gewesen war.* Dazu war ich von einem österreichischen Blockschreiber angefordert worden, dem es nicht gelang, sich mit der ersten Gruppe französischer Häftlinge zu verständigen, mit denen ich in seinen Block eingewiesen worden war. Allein seine Aussprache der Namen war völlig unverständlich. Er wählte mich trotz meiner geringen Deutschkenntnisse als Gehilfen aus, wurde aber durch meine Fähigkeiten in technischer Schönschrift, die ich mir durch meine Arbeit als Radioelektriker erworben hatte, endgültig überzeugt. Seine Bedingung war, dass ich schnell lernen müsste, beim Appell die über 400 Häftlingsnummern des Blocks (Nummern unter 16.000) zu kennen (natürlich auf Deutsch) und auch deren „Besitzer" aufzurufen. Das Auswendiglernen dieser 400 Nummern war eine schwere Aufgabe, aber mein Selbsterhaltungstrieb bestärkte mich durchzuhalten. Meine Kenntnisse der polnischen und russischen Sprache erleichterten es mir auch, andere Kameraden aufzurufen.

Im Jahr 1943 wurden im Lager Gusen, obwohl in direkter Nachbarschaft zu Mauthausen gelegen, eigene Häftlingsnummern vergeben. Das bedeutete, dass jeder Gusener Häftling eine neue Häftlingsnummer erhielt und die bisherige Mauthausener Nummer ungültig wurde. War das der Auslöser dafür, dass ich es für notwendig hielt, in dieser für mich unverständlichen Welt, in die ich da hineingeraten war, besonders aufmerksam zu sein? Der aktuelle Anlass war folgender: Einige Tage nach meiner Ankunft in Gusen am 28. April 1943 fand ich heraus, dass Häftlinge direkt in Gusen ankamen, ohne je in Mauthausen registriert worden zu sein, im Gegensatz zu all jenen, mit denen ich von Mauthausen überstellt worden war.

* Diese Funktion übte ich vor und nach dem täglichen Arbeitseinsatz beim Gusener Kommando „Rüstung Steyr" (später Elektrikerkommando) aus.

In Gusen erhielt ich die Nummer 15.014, obwohl französische Mithäftlinge, die nur 21 Tage früher dort angekommen waren, also am 7. April, viel niedrigere Nummern erhalten hatten. Zum Beispiel wurde Louis Deblé die Nummer 11.791 zugeteilt, was mir seit unserem Zusammentreffen in Gusen aufgefallen war und mir keine Ruhe ließ. Uns trennten mehr als 3.200 Nummern und diese Zahl ließ sich nicht einfach mit einigen Neuankömmlingen erklären, welche die Nummern verstorbener Häftlinge erhielten, was mir zu diesem Zeitpunkt bereits bekannt war. Zwischen diesen beiden Daten hatten wir auch keinen größeren Transport von Mauthausen her bemerkt. Aus der Quarantäne in Mauthausen, in der wir uns zu diesem Zeitpunkt befanden, sahen wir nur kleine Gruppen das Lager verlassen. Daraus schloss ich, dass ein großer Transport mit einigen tausend Häftlingen inzwischen direkt in Gusen angekommen sein müsse, zweifellos die zahlreichen Polen, die in Gusen in den Quarantäneblocks 13 bis 16 interniert waren, ganz in der Nähe meines Blocks 12.

Ich behielt diese Entdeckung für mich, denn die, denen ich davon erzählte, machten sich über mich lustig und sagten: „Na, was betrifft das uns? Wozu soll das gut sein?". Einige Jahrzehnte später konnte ich die Richtigkeit meiner Entdeckung beweisen: Ein bedeutender Transport war in der Tat ungefähr um den 10. April 1943 direkt von Auschwitz angekommen.

Bevor ich fortfahre, möchte ich noch den Grund meiner Internierung in Mauthausen erzählen. Ich wurde am 11. März 1942 von der französischen Polizei verhaftet, weil ich seit November 1940 der französischen Résistance Senderteile für Funkverbindungen geliefert hatte. Seit der Niederlage Frankreichs glaubte auch ich, meinen Beitrag gegen die Besatzer, gegen die inakzeptable Nazi-Ideologie und die vichy-französische Polizei leisten zu müssen, die sich immer mehr zur Handlangerin der Deutschen entwickelte. Diese lieferte mich auch einen Monat später, im April 1942, an die Gestapo aus. Ich wurde einige Monate unter Geheimhaltung in einem Pariser Gefängnis festgehalten, schließlich als „Sühneperson" eingestuft. Diese waren dazu bestimmt, im Rahmen von Massenrepressalien aufgrund von Angriffen gegen die Besatzer erschossen zu werden. Ich wurde zu diesem Zweck in das Fort Romainville überführt. Dort hätte ich am 21. September 1942 zusammen mit 46 anderen erschossen werden sollen. Wir waren in alphabetischer Reihenfolge auf einer Liste mit 54 Namen erfasst. Ich entkam wie durch ein Wunder, da mein Name im

Deutschen mit Sch anstelle des Ch geschrieben worden war. Am ersten April 1943 wurde ich als „NN“ Häftling* in ein Lager der Kategorie III (Mauthausen) überstellt. Als „NN“ Häftling war es mir nicht gestattet, Briefe zu schreiben oder Pakete zu empfangen. In den Archiven der Gestapo** habe ich später ein Beweisdokument dafür gefunden.

Einige Wochen nach meiner Ankunft in Mauthausen wurde ich nach Gusen überstellt. Ungefähr nach einem Monat wurden dort sehr niedrige, zweistellige Häftlingsnummern ausgegeben, was den Beginn einer neuen Häftlingsnummernvergabe anzeigte. Am 23. Jänner 1944 wirkte ich in meinem Block an der Nummernausgabe einer neuen Nummernserie an alle Gusener Häftlinge mit; es waren dies die Nummern 43.001 bis 50.666. Dieser Austausch der Nummern bedeutete die Wiedereingliederung von Gusen in die Registratur des Stammlagers Mauthausen.

Viele Häftlinge, darunter auch ich selbst, hatten letztendlich seit ihrer Einweisung nach Mauthausen drei Häftlingsnummern erhalten. Das erschwerte einerseits die eindeutige Identifizierung der Träger dieser Nummern, erleichterte andererseits aber die zeitliche Einordnung der Nummernvergabe.

Wir hatten in Verbindung mit dem Tod von Häftlingen und dem Transport von Kranken an einen geheimen Ort namens „Ybbs“ (so sagte man, der Name „Hartheim“ war noch unbekannt) schon von den gespenstischen Autobussen reden gehört. Im August 1944 wurden wir Zeugen des Abtransportes von einigen unserer Kameraden mit der Schmalspurbahn von Gusen nach Mauthausen. Die Umstände dieser Überstellung waren derart brutal, dass wir für sie das Schlimmste befürchten mussten.

Ich sagte mir, wenn wir da lebend wieder herauskommen sollten, müssten wir nicht nur diesen Abtransport bezeugen, sondern auch die Wahrheit über ihr Verschwinden herausfinden.

---

* NN („Nacht und Nebel“) Häftlinge waren Justiz- und KZ-Häftlinge, die in den besetzten westeuropäischen Ländern wegen Widerstandstätigkeit verhaftet worden waren. Basierend auf dem „Nacht und Nebel Erlass“ Wilhelm Keitels im Dezember 1941, wurden diese Häftlinge verschärften Bedingungen unterworfen. Sie durften keinerlei Kontakt zur Außenwelt herstellen, sogar den Behörden war es untersagt, über diese Häftlinge Korrespondenz zu führen. Die Häftlinge verschwanden im wahrsten Sinn des Wortes in „Nacht und Nebel“.

** Im Centre de Documentation juive contemporaine (Jüdisches Dokumentationszentrum), Paris.

Im Juni 1944 hatte ein belgischer Kamerad die Funktion eines Radioelektrikers im Elektrikerkommando der SS inne. Als er von Gusen weggebracht werden sollte, schlug er mich als Ersatz für ihn vor und stellte mich dem Kommandoführer, einem SS-Oberscharführer vor*. Dieser erreichte schließlich meine Zuteilung zu dieser Arbeitsstelle gleich neben der Abteilung für den „Arbeitseinsatz", nachdem ich erfolgreich einige Radiogeräte probeweise repariert hatte.

Später erfuhr ich, dass es sich nicht nur um die Radios der SS-Offiziere und SS-Unteroffiziere gehandelt hatte, sondern auch um Radios der lokalen Bevölkerung.**

Obwohl es mir bei Todesstrafe streng verboten war, eine ausländische Radiostation abzuhören, gelang es mir trotz der ständigen Überwachung durch mindestens einen der drei SS-Männer unseres Kommandos, sehr oft die Sendungen von BBC/London mittels einer List zu empfangen. Deren genaue Darstellung würde aber den Umfang dieses Textes sprengen.

Die Möglichkeit, wenngleich auch nur fragmentarisch, Neuigkeiten über den Kriegsverlauf in Erfahrung zu bringen, erlaubte es auch, den im Lager kursierenden (oft phantastisch optimistischen) Gerüchten entgegenzutreten. Diese Gerüchte verschlechterten nämlich die Stimmung derjenigen, die an sie geglaubt hatten und später erkennen mussten, dass sie sich an Falschmeldungen geklammert hatten.

Um die Informationen, selbst die sehr kurzen, weitergeben zu können, musste man sich an sehr genaue Regeln halten, um nicht die Informati-

* Er stammte aus Linz, wo er ein Elektrogeschäft besaß, in das er häufig mit dem Fahrrad fuhr.

** Es war der SS streng verboten, für die Aufbesserung ihres Soldes und für die Deckung ihrer hohen Ausgaben etwas zu verlangen, es musste daher geheim geschehen. Ich erlaube mir in dieser Sache eine Anekdote zu erzählen: Im Dezember 1944 zahlte ein Einheimischer die Reparatur in Naturalien mit einer lebenden Gans, die auf Anordnung des Kommandoführers unter den Bodenplanken der Werkstatt versteckt werden musste. Er brachte Nahrungsreste zur Fütterung, die uns Häftlinge am Leben erhalten hätten, bis er die Gans zu Weihnachten dann nach Hause trug. Während dieser ganzen Zeit mussten wir auf das überraschenden Eintreten anderer SS-Männer gefasst sein und auch noch Zeit haben, die Gans zu töten, damit sie ihre Anwesenheit nicht verriete.

onsquelle zu verraten.* Ich nahm dieses Risiko auf mich und lieferte, manchmal täglich, die Neuigkeiten über den Kriegsverlauf. Besonders die Information an meine Kameraden** über die Befreiung Frankreichs zog Widerstandsaktionen im Lager nach sich, nicht nur von den Franzosen selbst, sondern auch von Häftlingen anderer Nationen.

Meine Kontakte mit diesen erlauben mir auch, über die großteils ergebnislosen Rettungsversuche für die kranken Häftlinge zu berichten, die schließlich in den abgeriegelten Blocks des Reviers von Gusen I im April 1945 vergast wurden. Zu dieser Zeit, als bereits französische Häftlinge (Männer und Frauen) aus Mauthausen durch das Internationale Rote Kreuz in ihre Heimat gebracht worden waren, erfuhren wir von einer großen Anzahl von Häftlingen (die sogenannten „Invaliden"), darunter auch einige Franzosen, die in ihrer Unterwäsche vom Sanitätslager zur Gaskammer in Mauthausen geführt wurden. Wir hatten zu diesem Zeitpunkt Gewissheit über die Existenz der Gaskammer, das kann ich bezeugen.

Unter diesen Umständen erschien uns der Ausgang unserer angekündigten Überstellung nach Mauthausen sehr zweifelhaft, zumal sich unser körperlicher Zustand nur mehr verschlimmern konnte, da wir in den letzten Kriegstagen praktisch ohne jede Verpflegung waren: Heimführung oder Gaskammer?

Ich war an der Entscheidung des französischen Häftlingskomitees, an dessen Spitze Père Jacques*** stand, beteiligt, unsere Landsleute nicht zu warnen. Damit sollte verhindert werden, dass ihre Moral vielleicht grundlos untergraben würde, gerade jetzt, als sie begannen Hoffnung zu schöpfen, dieser Hölle entrinnen zu können.

Am 28. April kamen wir am späten Nachmittag in Mauthausen an.

---

* Einige Informationsträger wurden von der SS sowohl in Mauthausen als auch in Gusen gefoltert, um aus ihnen den Ursprung dieser Nachrichten herauszupressen und dann gnadenlos ermordet.

** Das waren vor allem der Jugoslawe Georges Milikitch, der Franzose Maurice Passard, der Belgier Lucien Vanherle und in den folgenden Monaten, als wir beide im gleichen Block B waren und ich besonders vorsichtig sein musste, der Italiener Francesco Albertini, der später in seinen veröffentlichten Erinnerungen darüber geschrieben hat.

*** Ein französischer Pater aus der Widerstandsbewegung, der durch den Film von Louis Malle „Auf Wiedersehen, Kinder" bekannt geworden ist.

Ich sehe immer noch die Reihe der „Zivilisten" an der Mauer rechts vom Eingang (die sogenannte „Klagemauer", Anm. d. Ü.) vor mir, die wahrscheinlich die letzten Opfer der Gaskammer waren.

Die militärische Lage führte dazu, dass unser Heimtransport, ursprünglich vorgesehen nach dem Abtransport der französischen Häftlinge des Hauptlagers, abgesagt wurde. Wir saßen nun in Mauthausen fest und erlebten dort die Zeit der Befreiung. Am 5. Mai kam eine Aufklärungseinheit der 11. US Panzerdivision unter Sergeant Albert Kosiek ins Lager. Ich nahm an einigen Aktionen teil, wie an der Demontage des Bronzeadlers über dem Garagenhoftor (diese Szene wurde von einem spanischen Häftling fotografiert) oder an den Versammlungen der Häftlinge, oft als Dolmetscher.

Natürlich bildete das Widerstandskomitee von Gusen auch das Grundgerüst des französischen Befreiungskomitees, an dessen Spitze wieder Père Jacques* stand, ich wurde einer der Sekretäre des Komitees.

Unsere Aufgabe wurde sehr wichtig:

- wir mussten uns vor allem um unsere Landsleute kümmern, die noch wie alle Kranken im Sanitätslager waren. Die Situation dort war katastrophal. Um mit ihnen überhaupt Verbindung aufnehmen zu können, mussten wir sie suchen, in Listen erfassen und ihnen im Rahmen unserer Möglichkeiten helfen, immer in Erwartung der amerikanischen Sanitätseinheit, die sie übernehmen sollte. Leider war es für die Sterbenden oft zu spät.
- klarerweise mussten wir eine Liste der Lebenden aufstellen, um sie bei unserem Rücktransport den französischen Behörden übergeben zu können. Wir suchten auch nach Dokumenten der französischen Häftlinge, wie zum Beispiel ihre „Häftlingspersonalkarten".
- wir mussten versuchen, aus den diversen Registern, die wir finden konnten, die Namen der toten Franzosen herauszuschreiben.

Am zweiten Tag nach der Befreiung erhielten wir von Lieutenant Jack H. Taylor (seit Anfang April 1945 Häftling in Mauthausen) amerikanische Formulare, um beweiskräftige Zeugenaussagen zu erheben. Wir waren uns der Wichtigkeit dieser Maßnahme, noch vor Verlassen des Lagers, bewusst. Diese Zeugenaussagen betrafen Misshandlungen und waren darauf abgestellt, sowohl die Opfer als auch die Täter zu identifizieren.

* Als sich sein Gesundheitszustand verschlechterte (er starb am 2.6.1945 in Linz), wurde er durch Emile Valley ersetzt.

Kaum zurück in Paris fuhr ich angesichts des Fehlens einiger Dokumente, die schon nach Frankreich gebracht werden hätten sollen, Anfang Juni 1945 mit Emile Valley in einer offiziellen Mission wieder nach Mauthausen, um diese Dokumente zu suchen.

Erst als ich zur Erholung in die Schweiz eingeladen wurde und ich die sowjetischen (Kharkow-Prozess vom Dezember 1943 und einen Bericht über Auschwitz 1945) und britischen Berichte zu lesen bekam (offizieller Bericht über die Mission in Buchenwald im April 1945), die im September in der Schweiz veröffentlicht worden waren*, erfuhr ich das wahre Ausmaß der Vernichtungsaktionen des Nazi-Regimes.

Im Jahr darauf (1946) wurde ich als Zeuge zum großen Mauthausen-Prozess an den amerikanischen Militärgerichtshof in Dachau vorgeladen. Der Prozess richtete sich gegen die SS von Mauthausen und auch gegen bestimmte Häftlinge, wie zum Beispiel den Kapo des Desinfektionskommandos in Gusen, Rudolf Fiegl, der an den Vergasungen in Gusen I im April 1945 und an der Verwendung des Gaswagens beteiligt gewesen war.

Ich nahm im Herbst 1945 mein Studium wieder auf, aber meine Erkrankung, die schon mein Physikstudium und die Erlangung eines akademischen Grades an der Sorbonne verzögert hatte, erlaubte mir erst 1954 meine Berufslaufbahn bei Thomson wiederaufzunehmen. Dort war ich Chef eines Forschungslabors im Fachbereich „Niederdruck“ (ein elektronisches Manometer trägt immer noch meinen Namen). Seit 1962 Chefingenieur, war ich Anfang der 70er Jahre verantwortlich für die Entwicklung des großen Weltraumsimulators, der immer noch in Toulouse für die Vorbereitung der Satellitenflüge von der Raumbasis in Kourou im Einsatz ist.

Als ich mich 1969 überzeugen ließ, auf die Verfälschung der Geschichte von Mauthausen zu reagieren, hatte ich seit über 20 Jahren kein Mauthausendokument in Händen gehalten. Ich vertraute den Historikern blind, dass sie jene Tatsachen aufklären würden, die wir in Mauthausen selbst erlebt hatten oder die uns zumindest erzählt worden waren. Ich fiel buchstäblich aus allen Wolken, als ich das Gegenteil feststellte. Ich fühlte mich in der Angelegenheit berufen etwas zu unternehmen, hatte aber auch Angst, dass mir die Sache angesichts meines knappen Zeitbudgets über den Kopf wachsen könnte. Ich wollte aber trotz-

* In der Zeitschrift „TRAITS“, Genève, 1945, N° 6/7.

dem meine Recherchen weiterbringen und, falls möglich, versuchen genauere Angaben zu erreichen, deren Notwendigkeit für die Überlebenden feststand.

Für meine ersten Studie, die 1972 erschien, ermöglichte mir Hans Maršálek im Archiv des Bundesministerium für Inneres (Archiv Museum Mauthausen) Dokumente einzusehen. Diese Dokumente hatte er dort für sein erstes Werk über Mauthausen gesammelt, das 1974 veröffentlicht wurde. Eine andere wichtige Quelle war das Centre de Documentation Juive Contemporaire in Paris für die Dokumente der Nürnberger Prozesse. In Frankreich konnte ich noch in den Archives du Ministère des Anciens Combattants (gehört zum Staatsarchiv) mit Hilfe des Internationalen Suchdienstes in Arolsen die Echtheit des einzigen Totenbuches von Hartheim bestätigen. Casimir Climent, der als Häftling der „politischen Abteilung" von Mauthausen zugeteilt war, brachte mir selbst einige wichtige Notizen, die er im Lager gemacht hatte. Diese Aufzeichnungen betrafen vor allem das Schicksal seiner spanischen Landsleute und enthielten außerdem einige originale Häftlingstransportlisten nach Hartheim. Diese werden seit einem Prozess in der BRD als authentisch eingestuft.

Inzwischen waren mir auch die detaillierten Geständnisse der hauptverantwortlichen SS-Männer aus dem Dachauer Prozess bekannt, dem ich 1946 beigewohnt hatte. Der Prozess gegen den SS-Mann Martin Roth, den Kommandoführer des Krematoriums von Mauthausen, war gerade in der BRD beendet worden. Der Leitende Oberstaatsanwalt Adalbert Rückerl und dann sein Stellvertreter Willi Dreßen gaben mir, im Hinblick auf die Vorbereitung unseres gemeinsamen Werkes, Gelegenheit, den Großteil der Dokumente über Mauthausen in der Zentralen Stelle der Landesjustizverwaltungen in Ludwigsburg zu studieren.

1981 hatte ich mehr Zeit zur Verfügung, da ich meine beruflichen Aktivitäten aufgeben konnte.* Mein Beruf war ausgefüllt gewesen mit Präsentationen und der Veröffentlichung zahlreicher Konferenzberichte sowie der Publikation wissenschaftlicher oder technischer Artikel.

Ich konnte meine Forschungen über Mauthausen mit neuen Archivquellen weiter ausbauen, indem ich noch lebende Zeugen für die tragischen Ereignisse suchte. Ich interviewte im Mai 1985 zum Beispiel die

* Ich legte auch alle Funktionen, die ich in den Gremien der Leiter der französischen und internationalen wissenschaftlichen Vereinigungen inne hatte, nieder.

Mitglieder des Mauthausener Krematoriumskommandos genau an ihren Einsatzorten im Lager. Auch Nachforschungen im Nationalarchiv in Washington, in polnischen Archiven (Hauptkommission zur Untersuchung der Naziverbrechen in Polen, Warschau und im Museum von Auschwitz) brachten wieder neue Grundlagen für genauere Analysen.

Für die französische Neuauflage ihres Buches „Ravensbrück" im Jahr 1988 bot mir Germaine Tillion die Möglichkeit, meine beiden Studien im Anhang zu veröffentlichen. Ausschlaggebend dafür war die Annahme, dass zahlreiche Häftlinge auch aus Ravensbrück für ihre Ermordung nach Hartheim überstellt worden waren. Der vorliegende Text ist eine überarbeitete und vervollständigte Version dieser Studien.

Für die deutsche Ausgabe möchte ich den Übersetzerinnen Mag. Inge und Simone Gruber sowie Doris Steinbacher für ihre sofortige Bereitschaft zu dieser Arbeit meine Anerkennung aussprechen, ebenso Martha Gammer und Mag. Sigi Witzany aus St. Georgen, welche die Koordination dieser Arbeit mit großer Hingabe bewerkstelligten. Ohne ihre Mithilfe wäre eine Veröffentlichung in deutscher Sprache nicht in Betracht gekommen. In der Amicale Française de Mauthausen, Paris, danke ich Frau Karin Toussant für die sprachliche Unterstützung.

Das Bundesministerium für Inneres in Wien ermöglichte die Publikation dieses Buches und ich bin glücklich, dass dieser Text als erster Band der neugeschaffenen Schriftenreihe der KZ-Gedenkstätte erscheint.

Ich war immer dankbar für den freundlichen Empfang in all den Archiven und möchte mich an dieser Stelle bei allen bedanken, die mir dreißig Jahre lang zur Seite gestanden sind. Es sind so viele, dass ich sie nicht alle namentlich aufzählen kann. Viele sind leider nicht mehr unter uns, wie zum Beispiel Georges Wellers, der mir im Jahre 1986 Raum in zwei Nummern der Zeitschrift „Le Monde Juif" zur Verfügung stellte.

Die Massentötungen durch Gas auf österreichischem Boden, in der Größenordnung von ungefähr 35.000 Opfern, machen nur 1% der großteils jüdischen Opfer der Konzentrationslager Auschwitz und Maïdanek, der Vernichtungslager Belzec, Sobibor, Kulmhof (Chelmno) und Treblinka aus, nicht zu vergessen die Gaswagen im Hinterland der Ostfront. Dennoch handelt es sich um täglich 19 Tote, und das für jeden Tag des gesamten Krieges von 1939 bis 1945.

Die ersten Massenvergasungen des 20. Jahrhunderts wurden der Welt durch Thomas Mann bekannt gegeben, bei einem seiner Gespräche mit der BBC in London im Jänner 1942. Er wies damals darauf hin, dass es sich um junge niederländische Juden handle, und ein wenig später im Juni gab er eine genauere Information der niederländischen Exilregierung bekannt, dass es sich um Häftlinge aus Mauthausen gehandelt habe.

Es waren also die ersten jüdischen KZ-Häftlinge, die im August 1941 in Hartheim vergast wurden. Diese Vergasungen fanden sogar noch vor den ersten Vergasungsversuchen im Lager Auschwitz im September 1941 statt. Die Vergasungen in Auschwitz aber erreichten bis November 1944 ein derartig unglaubliches Ausmaß, dass der Name dieses Lagers das Symbol für den Völkermord an den Juden, der Shoa, und für die Vernichtung von Menschen in den Gaskammern wurde.

Und ebenfalls in Mauthausen fand auch die letzte Vergasung der Nazizeit statt, in der Nacht vom 28. auf den 29. April 1945.

Ein erklärtes Ziel der Anhänger des Nationalsozialismus, die Vernichtung ganzer Bevölkerungsgruppen, führte auch dazu, dass den Opfern schon vorher die Menschenwürde aberkannt wurde. Im Gegensatz dazu hatten wir uns noch im Lager gefragt, ob es nicht unsere Henker wären, die sich selbst mit einer Perversion nach der anderen aus der menschlichen Gesellschaft ausschlössen.

Das 20. Jahrhundert wird vom Schrecken der Vergasungen gezeichnet bleiben, die vom Nationalsozialismus nicht getrennt werden können. Ich hoffe, dass diese Veröffentlichung dazu dienen möge, die gegenwärtigen und künftigen Generationen am Beginn des 21. Jahrhunderts vor den dramatischen Folgen dieser Theorien zu warnen, die in ihrer Anwendung nichts anderes sind als Verbrechen.

Paris, im März 2000
Pierre Serge Choumoff

STUDIE 1: MASSENTÖTUNGEN DURCH GIFTGAS IN HARTHEIM

1 VERGASUNGEN VON DEUTSCHEN KRANKEN IN HARTHEIM

1.1 Die Anfänge der Euthanasieaktion

Nach jahrelangen, seit der Machtübernahme 1933 unwidersprochenen, öffentlichen Aussagen Hitlers konnte ein deutlicher Schwenk in der deutschen öffentlichen Meinung in der Frage der Behandlung behinderter Kinder und unheilbar Kranker beobachtet werden.

Es wurde nun behauptet, dass sie für die Gesellschaft eine sehr teure Bürde darstellten und dass man auch versuchen sollte, ihnen ihr Leiden zu ersparen. Ein Schulbuch spiegelt zum Beispiel diese Einstellung wider, indem eine Rechenaufgabe gestellt und darauf hingewiesen wird, welcher ökonomische Gewinn durch den Verzicht auf den Bau von Irrenhäusern erzielt werden könnte.

Auch wenn ein Rundschreiben des Innenministeriums bezüglich der Euthanasie von Kindern schon am 18. August 1939 ausgeschickt worden war, so wurde die Euthanasie von Erwachsenen von Beginn an auf die Dauer des Krieges beschränkt, um Gegenreaktionen sowohl in Deutschland als auch im Ausland zu verhindern, denn *„die Aufmerksamkeit der ganzen Welt richte sich ja auf die militärischen Operationen"* so die eigenen Worte Hitlers ab 1935.[1]

Erst im Oktober 1939 unterschrieb Hitler seinen berühmten Brief[2], vordatiert auf den 1. September 1939, den Tag des Kriegseintrittes. Dieser Brief erweiterte die Befugnisse ausgewählter Ärzte dahingehend, unheilbar Kranken den „Gnadentod" zu gewähren. Mit dieser Rechtfertigung der „Erlösung durch den Tod", die in Wahrheit nichts anderes bedeutete als die Geheimhaltung der Vernichtung „minderwertiger Rassen" und arbeitsunfähiger Menschen, sollte die „Reinheit der Rasse" und die Kriegswirtschaft geschützt werden, indem die „nutzlosen Mäuler" beseitigt wurden.

Dieser Brief war an den Reichsleiter Philip Bouhler („Chef der Kanzlei des Führers") und an Dr. Karl Brandt, Hitlers Leibarzt adressiert, der auch der Beauftragte für die Euthanasie wurde. 1942 wurde er noch zum „Reichskommissar für das Sanitäts- und Gesundheitswesen" ernannt.

In Wahrheit waren die ersten Maßnahmen in Deutschland schon lange vor diesem Brief in Angriff genommen worden, wie eine Weisung des Innenministeriums vom 10. Oktober 1939 beweist[3], die an alle Gesundheitseinrichtungen erging. Sie enthielt Meldebögen für eine Bestandsaufnahme, die für alle Kranken so schnell wie möglich auszufüllen waren. Von dieser Maßnahme waren aber letztendlich auch jene betroffen, die unter die rassistische Nazi-Gesetzgebung fielen: verschiedene Kategorien von „Asozialen", aber auch „Gewohnheitsverbrecher", Regimegegner, „Sittlichkeitsverbrecher" (Homosexuelle eingeschlossen) und auch alte Menschen.[4] Sogar ehemalige deutsche Soldaten wurden nicht verschont.[5]

Der Einmarsch in Polen ermöglichte den sofortigen Beginn der Massaker an Patienten polnischer Pflegeanstalten, dann an Patienten in deutschen Heimen in Pommern und Ostpreußen. Für den Transport der Opfer an ihre Hinrichtungsorte trat das „Sonderkommando Lange" auf den Plan, benannt nach dem SS-Hauptsturmführer Herbert Lange, der später die Vernichtungen in Chelmo vornehmen sollte. Für einen abtransportierten Kranken wurde eine Summe von zehn Reichsmark (RM) verrechnet.

Dank Willi Dreßen, dem wir den Bericht von Marian Kaczmarek (Mitglied der polnischen Kommission für Kriegsverbrechen[6]) verdanken, ist es uns möglich, die erste Gaskammer des Dritten Reiches zu nennen: Sie wurde in einer abgedichteten Zelle des Fort VII in Poznan (Posen) eingerichtet, ein Gefängnis der Staatspolizei. Dort wurden Patienten der Pflegeanstalt Owinsko nahe bei Posen mit Kohlenmonoxid (CO) ermordet, das in Stahlflaschen geliefert wurde. Ihre Überstellungen in Gruppen zu ungefähr 50 Personen begannen Ende Oktober 1939. Angesichts der Tatsache, dass dieses Pflegeheim in eine SS-Kaserne umgewandelt werden sollte, wurden sämtliche Patienten (mehr als 1.000, darunter 78 Kinder) abtransportiert und vergast.

Jan Gallus, der erste Leiter nach der Befreiung der psychiatrischen Anstalt Tiegenhof (Dziekanka) nahe bei Gniezo, erstellte im März 1945 einen sehr genauen Bericht über die Vergasungen von mehr als tausend Kranken, die zwischen 7. Dezember 1939 und 12. Jänner 1940 in einem riesigen Anhänger vorgenommen worden waren. Dieser Anhänger war an eine Zugmaschine angehängt, in der sich ein Behälter mit einer CO-Gasflasche befand, die wiederum mit dem Anhänger verbunden war, in den Männer, Frauen und Kinder gepfercht wurden, um vergast zu werden. Auf den Seitenwänden des Wagens befand sich die Inschrift „Kaisers-Kaffee Geschäft".[7]

Es wurden aber auch Patienten aus vielen anderen psychiatrischen Anstalten vergast, immer durch dieses „Sonderkommando Lange". Es setzte sich aus fünfzehn Männern des SD (Sicherheitsdienst) und ungefähr sechzig Polizisten zusammen, die für die Rückendeckung der Einsätze zuständig waren. Ihre Bilanz: letztlich mehr als 1.000 deutsche und 600 polnische Patienten aus Kosten (Koscian), 126 aus Schrimm (Srem), 792 aus Warta und 1.558 Geisteskranke aus dem Lager Soldau (Dzialdovo) wurden vergast, andere wurden erschossen.[8]

1.2 Die Durchführung der Aktion im Reich durch die Organisation T.4

Für eine planmäßige Abwicklung der Aktion im gesamten Reichsgebiet schuf die „Kanzlei des Führers" eine eigene Organisation. Deren Berliner Adresse (Tiergartenstraße 4) wurde als Tarnbezeichnung „T.4" verwendet, unter diesem Namen wurde die Aktion auch bekannt. Seit Herbst 1939, die Auswahl der dafür vorgesehenen Anstalten war abgeschlossen, wurden die Kommissionen mit erfahrenen Ärzten besetzt, erfahren in der Auswahl der Opfer, was schlichtweg das Recht über Leben und Tod bedeutete.

In der ersten Jännerhälfte 1940 fand vor hohen Nazifunktionären eine Vorführung dieser Vergasungen im alten Gefängnis von Brandenburg an der Havel statt, das unter der Leitung von Chemikern des Kriminaltechnischen Instituts (KTI) eine der Euthanasieanstalten wurde. Einer dieser Chemiker, August Becker, berichtete[9], dass es sich dabei um achtzehn bis zwanzig Patienten gehandelt hatte. Deren schneller Tod vor dem ausgesuchten Publikum veranlasste Hitlers Leibarzt Dr. Karl Brandt, später Reichskommissar für Gesundheitswesen, dieses Verfahren unter medizinischer Kontrolle zu genehmigen.[10] Besonders erwähnenswert ist die Anwesenheit des Kriminalkommissars Christian Wirth, der dann die administrative Leitung von Hartheim übernehmen sollte. Später spielte er eine Schlüsselrolle im Betrieb der Vernichtungslager Belzec, Sobibor und Treblinka, für die er als „Inspekteur des Sonderkommandos der Aktion Reinhard" im Rang eines SS-Hauptsturmführers zuständig war. Er wurde in Hartheim im November 1940 durch Franz Stangl ersetzt, der bis Oktober 1941 dort blieb. Dann wurde Stangl Lagerkommandant von Sobibor (März bis September 1942) und später von Treblinka (September 1942 bis August 1943).

Unter den sechs T.4-Anstalten, wovon sich fünf auf dem Gebiet des „Altreiches“ befanden*, spielte Hartheim eine besondere Rolle: Es hatte bis zum August 1941 die größte Opferzahl aufzuweisen und war die einzige Anstalt, die bis zum Dezember 1944 die Vergasungen fortführte. Hartheim war vom 8. August 1943 an auch der Sitz einiger T.4 Dienststellen, die aus Berlin hierher verlegt worden waren.

Jede dieser Tötungsanstalten verfügte grundsätzlich über ein ganzes Netz von Kliniken. Diese standen oft über eine, aus Tarnungsgründen „Beobachtungszentren“ genannte Zwischenstufe mit den Euthanasieanstalten in Verbindung. Nichtsdestotrotz waren auch diese Beobachtungszentren selbst Schauplatz von Morden mittels Spritzen oder Medikamenten.

1.3 Die „Euthanasieanstalt“ Schloss Hartheim

Das Einzugsgebiet von Hartheim umfasste Bayern und natürlich Österreich, es wurden aber auch Patienten aus anderen Regionen Deutschlands hier vergast.

Es war kein Zufall, dass Dr. Rudolf Lonauer, der Chefarzt von Hartheim (später SS-Hauptsturmführer), auch gleichzeitig Leiter des großen psychiatrischen Krankenhauses in Linz-Niedernhart war. Die Abteilungen 5, 7 und 8 von Niedernhart[11] waren ein solches, besonders tödliches Beobachtungszentrum mit bis zu 400 Patienten.[12]

Wir verfügen über zahlreiche Zeugenaussagen darüber, wie zum Beispiel die Aussage des Oberkrankenpflegers der Abteilung 7, Karl Harrer, der 1946 erklärte:

„[...] Im Jahr 1940 [...] wurde die Abteilung 7 als Durchgangsabteilung aufgebaut, dann kam die Abteilung 5 dazu und für die Frauen war Abteilung 8 als Durchgangsstation vorgesehen. Die einzelnen Abteilungen waren durch besondere Schlösser gesichert [...] größere Transporte kamen von Deutschland in Niedernhart an und wurden mit Omnibussen nach wenigen Tagen nach Hartheim weg transportiert [...] Oft einige Wochen täglich, dann wiederum einige Wochen überhaupt keine. Bei jedem Transport wur-

* Brandenburg an der Havel, wurde im September 1940 durch Bernburg an der Saale ersetzt; Grafeneck, ersetzt im Dezember 1940 durch Hadamar; Sonnenstein bei Pirna.

den ungefähr 40–50 Kranke befördert […] Dr. Lonauer tötete ab 1940 auch in der Abteilung 7 zahlreiche Patienten […] Dr. L. verabreichte auch wiederholt intravenöse Injektionen in die Armbeuge […] innerhalb einer Viertelstunde bis zwei Tage starben die Leute […] Dr. L. hat verschiedene Arten von Injektionen verabreicht, um festzustellen, welches Mittel am zweckmäßigsten sei. […] ich habe abwechselnd bei den Injektionen geholfen […] in Hartheim habe ich auch in der Kanzlei gearbeitet, Kanzleileiter war Hauptmann Wirth […].“

Die Oberschwester Anna Bindner lieferte eine weitere Zeugenaussage:[13]

„ *[…] Aus der Frauenabteilung wurden 1940–1942 ungefähr 500 Personen abtransportiert. Ein Teil ging in die Abteilung 5 und ein anderer Teil wurde direkt mit dem Omnibus weg transportiert […] Meiner Überzeugung nach haben die Patienten zumindest in der letzten Zeit gewußt, was ihnen geschieht, wenn sie abtransportiert werden. Es war meine Aufgabe, Patienten, die sich aufregten, zu beruhigen. Ich habe die Abteilung sehr oft beruhigen müssen. Vor der Abteilung 5 und vor den Omnibussen haben sich die Patienten sehr gefürchtet. Auf die Abteilung 5 kamen auch Kinder von 3–12 Jahren […].“*

Als ich 35 Jahre später selbst Niedernhart aufsuchte, sah ich mit Bestürzung noch immer dieselben Abteilungsnummern auf den Türschildern, die aus der NS-Zeit zu sein schienen.

Vom 6. Mai 1940 an wurde Lonauer in seinen beiden Funktionen von Dr. Georg Renno unterstützt, der während einer Abwesenheit Lonauers von 10. September 1943 bis 20. November 1944 Chefarzt von Hartheim wurde. Beide waren fanatische Nazis.

Hartheim ist der Name eines Renaissanceschlosses mit imposanten Ausmaßen, flankiert von vier achteckigen Türmen und einer Art Bergfried im byzantinischen Stil. Im Inneren findet man einen großen Arkadenhof mit dreistöckigen Balustraden darüber. Das Schloss wurde 1898 nach einer Schenkung des Eigentümers Prinz Starhemberg an eine karitative Organisation in Oberösterreich in ein Pflegeheim für geistig und körperlich behinderte Kinder umgewandelt. Die Leitung der Anstalt, die bis zu 200 Patienten aufnahm, wurde von den Barmherzigen Schwestern des Heiligen Vinzenz von Paul übernommen. Nach dem Anschluss 1938 wurde das Schloss zugunsten der NSDAP enteignet.

Hartheim war somit August Eigruber unterstellt, Gauleiter und Reichsstatthalter in Oberdonau. In seinem Prozess erklärte er, dass er 1939 Schloss Hartheim als Eigentum des Gaues dem Reich zur Verfü-

Abbildung 1: Schloss Hartheim

gung gestellt hätte, persönlich Philip Bouhler für die Durchführung der Euthanasie.[14] Die Umbauarbeiten wurden unter der Leitung des Chefs der Inspektion von T.4, Adolf Gustav Kaufmann, durchgeführt.[15]

Der Plan vom Erdgeschoss (Abbildung 2) zeigt insbesondere die Lage des Krematoriums und der Gaskammer. Diese ist von kleinen Ausmaßen und als Duschraum getarnt, dessen Brauseköpfe mit den Kohlenmonoxid-Flaschen in einem Nebenraum verbunden waren.

Die oberen Stockwerke dienten als Büros und Personalwohnungen. Dr. Renno lebte hier manchmal mit seiner ganzen Familie und spielte dort oft Flöte, *„es war sehr angenehm, diese Musik im Schloß zu hören"*.[16]

Hartheim verfügte über keinerlei Unterkunftsmöglichkeiten für die hierher transportierten Kranken. Allerdings liegt eine gemeinsame Zeugenaussage von vier Häftlingen des Kommandos aus Mauthausen vor, eingesetzt für die Demontage der Anlagen im Dezember 1944, die von einem Saal mit Betten und medizinischem Gerät für Experimente spricht (siehe weiter unten).

Am 5. oder 6. Mai 1940 kamen die ersten Transporte in Hartheim an und die Gaskammer wurde in Betrieb genommen. Darüber liegen ausführliche Zeugenaussagen vor, wie jene des SS-Unterscharführers Franz Hödl[17], Fuhrparkleiter in Hartheim und Fahrer in der Zeit von April

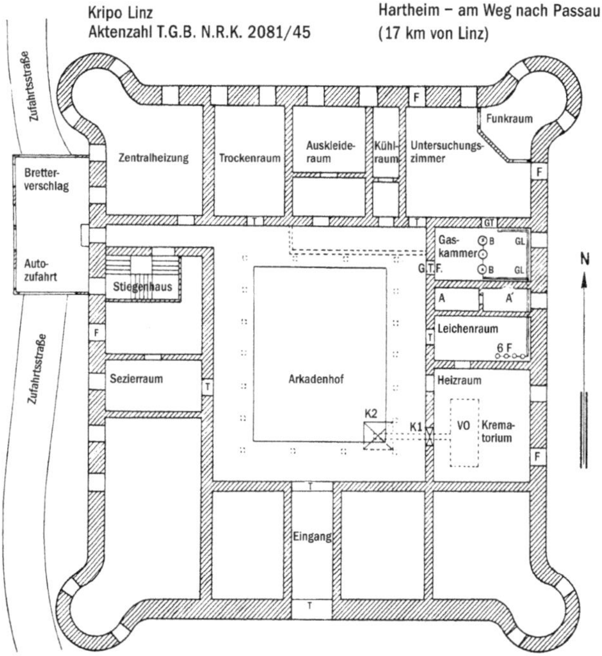

Abbildung 2: Plan des Erdgeschosses von Schloss Hartheim (Planbeschriftung aus dem Französischen übersetzt).

Der Plan stammt aus der Anklageschrift gegen Dr. Lonauer und andere Verbrecher (gezeichnet vom Häftling Bahier, Mauthausener Häftlingsnummer 26.218)

F: Fenster, **T:** Tür, **GT:** Tür der Gaskammer, **GTF:** Tür der verschlossenen Gaskammer mit Guckloch, **B:** Brauseköpfe an der Decke, **GL:** Gasrohr, 15 mm Durchmesser, **GF:** Gasflaschen, **VO:** Krematoriumsofen, **K1 u. K2:** Kamin des Krematoriums (K1 wurde durch den praktischeren und wichtigeren K2 ersetzt)

Alle Räume haben Gewölbedecken und sind ungefähr 3,10 m hoch. Alle Anlagen, die irgendeinen Zusammenhang mit der Ermordung der Häftlinge aufweisen könnten, wurden zerstört. Die Bretterschuppen an der Wageneinfahrt sowie der den Umkleide- und Empfangsräumen benachbarte Holzschuppen mit einer Höhe von 2,40 m sind verschwunden. Was bleibt, sind einzig und allein Spuren entlang der Mauern, die an diese alten Stätten erinnern. Die Gaskammer und die Totenkammer waren verfliest, und zwar bis zu einer Höhe von 1,70 m. In der Gaskammer wurden die Fliesen durch einen Zementanstrich ersetzt, und die Grundmauern verschwanden unter Kalkputz. Das Gewölbe und der obere Teil der Mauern wurden mit Ölfarbe bemalt.

1939 bis Jänner 1942 und von April 1942 bis Mai 1943. Der Niedernharter Pfleger Johann Baumgartner[18] setzte am 26. Juli 1940 die ersten Transporte an einen Bestimmungsort in Gang, der sich später als Hartheim herausstellte. Er musste eine Erklärung unterschreiben, die ihn zur absoluten Geheimhaltung verpflichtete, von der ihn nur der Gauleiter oder Dr. Lonauer entbinden konnten.

Die zuvor in Hartheim gepflegten Kranken zählten zu den ersten Opfern, nachdem sie während der Bauphase der Gaskammer im April 1940 vorübergehend nach Niedernhart überstellt worden waren. Dank Vinzenz Nohel, der dem Krematorium in Hartheim während der ganzen Betriebsdauer der Gaskammer bis zum Dezember 1944 vorstand, verfügen wir über mehrere Seiten einer genauen Beschreibung über den Ablauf der Vergasungen:[19]

„Am 2. April 1940 habe ich die Arbeit in Hartheim begonnen. Zuerst wurde ich als Hilfsarbeiter zu den verschiedenen Arbeiten verwendet. Ich bekam pro Monat 170,– RM und 50,– RM Trennungszulage, die Unterkunft und Verpflegung.*

Etwa 14 Tage später ließ uns Hauptmann Wirth zusammenrufen. Bei dieser Gelegenheit hielt er an uns, es waren zumeist nur Männer anwesend, folgende Ansprache. Vorweg möchte ich erwähnen, daß ich mich an Details dieser Ansprache nicht mehr genau erinnern kann. Ich will sie aber dem Inhalte nach, und soweit sie mir erinnerlich ist, nunmehr angeben:

‚Kameraden, ich habe heute euch da zusammengerufen, um euch die jetzige Lage hier im Schloß so zu erklären, was jetzt passieren wird. Ich habe den Auftrag bekommen von der Reichskanzlei, das weitere hier im Schloß zu leiten. Ich als Hauptmann habe alles unter mir. Wir müssen hier ein Krematorium bauen, um die Geisteskranken von der Ostmark hier zu verbrennen. Es sind 5 Ärzte bestimmt, die die Geisteskranken untersuchen, um festzustellen, was zu retten und was nicht zu retten ist. Was nicht zu retten ist, kommt ins Krematorium und wird verbrannt. Die Geisteskranken sind eine Last für Deutschland, und wir wollen nur gesunde Menschen. Die Geisteskranken sind ja nur eine Last für den Staat. Einige Männer werden bestimmt, welche im Krematorium zu arbeiten haben. Vor allen Dingen heißt es schweigen bei Todesstrafe. Wer nicht schweigt, kommt ins KZ oder wird erschossen.‘

Ganz kurze Zeit nach der Rede des Hauptmann Wirth wurde mit dem Bau des Krematorium begonnen. Ich und noch andere wurden zum Heizer

* Im Original steht irrtümlich 1939.

bestimmt. Ich betone ausdrücklich, daß ich mich zu dieser Arbeit nicht selbst gemeldet habe. Für die Arbeit als Heizer wurde mir eine Zulage von 35,– RM pro Monat versprochen und späterhin ausbezahlt. Außerdem bekam ich noch eine Zulage von 35,– RM (Stillprämie). Diesen Betrag sollte ich später ausbezahlt bekommen. [...]

Geleitet wurde die Anstalt vom Arzt Dr. Lonauer. Sein Stellvertreter war Dr. Renno. Wie ich schon angegeben habe, hat Hauptmann Wirth den Betrieb in Hartheim geleitet. Sein Stellvertreter war ein gewisser Reichsleitner aus Steyr. Letzterer ist im Felde gefallen. Die Transporte wurden von einem reichsdeutschen Oberpfleger, an dessen Namen ich mich momentan nicht erinnern kann, geleitet. Später ist dieser Oberpfleger weggekommen, und hatte die Krankentransporte dann der Oberpfleger Stäubl geführt. In der ganzen Anstalt waren etwa 70 Personen beschäftigt. Das ganze Unternehmen wurde unter dem Titel ‚Gemeinnützige Stiftung für Anstaltspflege in Hartheim' oder so ähnlich geführt.*

Etwa 6 Wochen nach dem 6. April 1940 waren die Vorbereitungen und die Bauten fertig, und der Betrieb wurde aufgenommen. Die Geisteskranken wurden, soviel ich weiß, von den verschiedensten Heil- und Pflegeanstalten per Bahn und per Auto herbeigeschafft und nach Hartheim gebracht. Die Transporte kamen in unregelmäßigen Zeitabständen und zu ganz unbestimmten Stunden in Hartheim an. Manchmal war die Zahl der Angekommenen groß, manchmal wieder kleiner. Die Zahl der Angekommenen schwankte zwischen 40 und 150. Vorerst kamen die Herbeigeschafften in den Auskleideraum. Dort mußten sich oder wurden die Frauen und Männer in zwei verschiedenen Abteilungen entkleiden oder entkleidet. Die Kleider und das mitgebrachte Gepäck wurde auf einen Pack zusammengegeben, bezettelt, aufgezeichnet und numeriert. Die entkleideten Personen begaben sich sodann über einen Gang in das sog. Aufnahmezimmer. In diesem Raum befand sich ein größerer Tisch. Dort hielt sich ein Arzt mit seinem Stab von 3–4 Helfern auf. Der Arzt, der dort Dienst versah, war entweder Dr. Lonauer oder Dr. Renno. Soviel ich als Laie beurteilen kann, haben die Ärzte die Angekommenen nicht untersucht, sondern haben diese nur in die Akten der Vorgeführten Einsicht genommen. Eine Person bestempelte die Vorgeführten.

* Franz Reichleitner, später Kommandant von Sobibor im Rang eines SS-Hauptsturmführers, wurde am 3. Jänner 1944 bei Fiume in Istrien von Partisanen getötet, vgl. RÜCKERL (1979): S.75ff.

Eine Pflegeperson mußte die einzelnen Vorgeführten auf der Schulter bzw. auf der Brust mit der lfd. Nummer bestempeln. Die Numerierung war etwa 3–4 cm groß. Jene Personen, welche Goldzähne oder eine Goldbrücke hatten, wurden am Rücken mit einem Kreuz bezeichnet. Nach dieser Prozedur wurden die Personen in eine nebenan befindliche Kammer geführt und dort fotografiert. Von der Fotokammer weg führte man die Leute durch einen 2. Ausgang wieder in den Aufnahmeraum und von dort durch eine Stahltüre in die Gaskammer. Die Gaskammer war vorerst ganz einfach ausgestattet. Sie hatte einen Holzfußboden, und es befanden sich in der Kammer hölzerne Sitzgelegenheiten. Später wurde dann der Fußboden betoniert, und schließlich wurden der Boden und die Seitenwände mit Fliesen ausgelegt. Die Decke und die übrigen Teile der Seitenwände waren mit Öl gestrichen. Der ganze Raum war so eingerichtet, daß man annehmen konnte, es handle sich um ein Badezimmer. An den Decken waren 3 Brausen angebracht. Die Entlüftung des Raumes besorgten Ventilatoren. Ein im Gasraum befindliches Fenster war mit einem Scherengitter versehen. Von diesem Raum führte eine Stahltüre in jenen Raum, wo sich die Gasanlage befand. War der ganze Transport abgefertigt, d.h. waren die Aufnahmen vorgenommen, die Bestempelungen durchgeführt, das Fotografieren erledigt und die Bezeichnung jener Personen, die Goldzähne hatten, abgefertigt, kamen alle Personen in den Bade-Gasraum. Die Stahltüre wurde geschlossen, und der jeweilige Arzt leitete Gas in die Gaskammer ein. Nach kurzer Zeit waren die Leute in der Gaskammer tot. Nach ca. 1 1/2 Stunden wurde die Gaskammer entlüftet. Von diesem Zeitpunkte an begann für uns Heizer die Tätigkeit.

Bevor ich noch auf diese Tätigkeiten eingehe, möchte ich noch einige Angaben über die Zuführung des Gases in den Gasraum machen. Neben dem Gasraum befand sich ein kleiner Raum, in dem sich einige Stahlgasflaschen befanden. Welches Gas in diesen Flaschen war und von wo es herkam, kann ich nicht sagen. Mittels eines Gummitrichters wurde der Inhalt der Gasflasche zu einem Stahlrohr geleitet. Auf der Gasflasche befand sich ein Druckmesser. War die Gaskammer mit den abgefertigten Leuten voll, begab sich der Arzt zu den Gasflaschen, drehte den Sperrhahn oder das Absperrad auf, und das Gas strömte durch ein 15–20 mm starkes Eisenrohr in den Gasraum ein. * *Wie ich schon angegeben habe, befand sich zwischen Gasraum*

* Anmerkung des Autors: In Bezug auf das Einleiten des Gases erklärte Dr. Renno: *„Den Hahn aufzudrehen war auch keine große Sache. Umschweifiger Unterweisungen bedurfte es nicht"*. Zit. n. KLEE (1983): S.148.

und Gasflaschenraum eine Stahltüre. Eine dritte Türe führte vom Gasraum in den Hof. Diese Türe wurde vermauert, und es befand sich dann nur mehr ein Guckloch in den Gasraum. Durch dieses Guckloch konnte man die Vorgänge im Gasraum beobachten.

War die Entlüftung durchgeführt, mußten wir Heizer, wir hatten immer 2 und 2 zwölf Stunden Dienst, die Leichen von der Gaskammer wegschaffen und in den Totenraum bringen. Der Totenraum lag neben dem Gasflaschenraum. Das Wegbringen der Toten vom Gasraum in den Totenraum war eine sehr schwierige und nervenzermürbende Arbeit. Es war nicht leicht, die ineinander verkrampften Leichen auseinanderzubringen und in den Totenraum zu schleifen. Diese Arbeit wurde anfänglich insoferne auch erschwert, als der Boden holprig war, und als man den Boden betonierte, rauh gewesen ist. Durch diese Umstände war das Schleifen der Toten in den Totenraum beschwerlich. Später, als der Boden verfliest war, haben wir Wasser aufgeschüttet. Dadurch war die Beförderung der Toten bedeutend leichter. Im Totenraum wurden die Leichen aufgeschichtet. Neben dem Totenraum befand sich die Heizanlage. Die Heizanlage war mit einer sog. Pfanne die aus dem Ofen herausgenommen werden konnte, ausgestattet. Auf diese Pfanne wurden die Toten gelegt und so wie bei einem Backofen in die Heizanlage eingeschoben und dort abgelegt. Je nach der Anzahl der Toten haben wir 2 bis zu 8 Tote verbrannt. Der Ofen wurde mit Koks geheizt. Die Arbeit wurde, je nach Bedarf, Tag und Nacht fortgeführt. Bevor die Toten verbrannt wurden, sind von den Heizern den mit einem Kreuz bezeichneten Verstorbenen die Goldzähne gezogen worden. Diese wurden in der Verwaltung abgeliefert. Da ich infolge der rechtsseitigen Lähmung in der rechten Hand kein rechtes Gefühl habe, habe ich das Zähneziehen nicht zusammengebracht. Einmal habe ich dies probiert, und es ist mir dabei der gezogene Goldzahn in den Schlund des Toten hinabgerutscht. Da ich den Zahn nicht mehr fand, wurde ich von Hauptmann Wirth recht beschimpft. Daraufhin habe ich mich des Zahnziehens enthalten. Nachdem die Leichen verbrannt waren, wurden die Knochenreste, die durch den Rost des Ofens gefallen waren, in eine Knochenmühle gegeben und dort zu Pulver vermahlen. Das so gewonnene Knochenmehl wurde an die trauernden Hinterbliebenen als sterbliche Überreste versandt. Für jeden Toten waren etwa 3 kg solchen Mehles berechnet. Da die Arbeit sehr anstrengend und, wie schon gesagt, nervenzermürbend war, bekamen wir pro Tag einen 1/4 l Schnaps.

Ich glaube, daß wir auf diese Art ca. 20.000 Geisteskranke verbrannt haben. Im Jahre 1944 haben wir dann auch KZler verbrannt. Nach meinem

Dafürhalten waren die Leute meist mit schweren Krankheiten behaftet, jedoch nicht geisteskrank. Auch kranke Ostarbeiter sind bei uns in Hartheim verbrannt worden. Nach meiner Schätzung dürften im ganzen etwa 30.000 Menschen ums Leben gekommen sein.

Vor Weihnachten 1944 wurden der gemeinnützige Betrieb abgestellt und der Ofen abgerissen. Von diesem Zeitpunkte an wurde niemand mehr in Hartheim verbrannt.

Nun will ich noch einige Einzelheiten, an welche ich mich erinnern kann, angeben. Einmal wurden mit einem Schlage 150 Personen vergast. Der Gasraum war derart voll, daß die Leute, die sich darinnen befanden, kaum umfallen konnten und sich dadurch so verkrampften, daß wir die Leichen kaum auseinander bringen konnten. Da schon vorher Vergasungen vorgenommen worden waren, wurde der Leichenraum derart voll, daß die untersten Leichen bereits in Verwesung übergegangen waren, bis wir zum Verbrennen kamen. Ein andermal kam ein Transport mit Frauen, welche mit Typhus behaftet waren. Über Auftrag des Hauptmann Wirth wurden 4 Frauen in den Totenraum gebracht und dort von Hauptmann Wirth durch Genickschuß erledigt. Weil ich gerade von den Frauen spreche, möchte ich erwähnen, daß diese leichter zu verbrennen waren als die Männer. Ich glaube, das war deshalb möglich, weil sie mehr Fettstoff haben als die Männer. Auch haben diese ein leichteres Knochengerüst. Die Rückstände von den Verbrennungen wurden anfänglich in die Donau geworfen und später vergraben. Über die Person des Hauptmann Wirth möchte ich nur noch sagen, daß dieser eine Bestie war. Er drohte jedem bei jeder sich bietenden Gelegenheit mit dem KZ oder mit dem Erschießen. Nun habe ich wohl alles gesagt, was ich wußte. Ich leide heute noch an schweren Träumen. Bei solchen Anlässen erscheinen mir die vielen Toten im Geiste, und ich glaube manches Mal, ich werde närrisch.“

70 Personen hielten also den Betrieb von Hartheim aufrecht. Die Gaskammer wurde, wie in allen Anstalten, mit CO aus Stahlflaschen versorgt, die vom Kriminaltechnischen Institut (KTI) des RSHA vermittelt wurden. Die Umstände der Lieferung sind gut beschrieben. Aus Gründen der Tarnung war es ein Chemiker, der bereits erwähnte August Becker, der selbst, wie er erklärte[20], seine Lastwagenfahrten zu allen Anstalten durchführte: In erster Linie ging es darum, die leeren Gasflaschen einzusammeln, um sie in der Fabrik der IG Farben in Ludwigshafen wieder füllen zu lassen und somit die Belieferung jeder Anstalt zu sichern.

Hinsichtlich der Transporte der zukünftigen Opfer hat Dr. Renno festgehalten, dass er am Linzer Bahnhof die aus den großen psychiatrischen Anstalten Österreichs oder des Altreichs kommenden Transporte selbst empfing. Nach der an Ort und Stelle erfolgten Diagnoseprüfung wurden die Kranken mit einem Bus nach Hartheim überstellt oder, wenn das Krematorium überlastet war, vorerst nach Niedernhart umgeleitet. Die Transporte aus kleinen Kliniken fuhren direkt nach Hartheim, nachdem Dr. Renno vor Ort die Untersuchung der Patienten vorgenommen hatte.

In einem so großen Maßstab durchgeführt, konnten die Ermordungen nicht lange geheim bleiben, und wären es nur die Veröffentlichungen der Todesanzeigen in der Lokalpresse gewesen oder die Totenscheine, die immer gleichartig abgefasst waren und offensichtlich erfundene Krankheiten enthielten. Die Angehörigen wurden eingeladen, sich kostenfrei eine Urne mit der Asche zusenden zu lassen, wobei unter dem Vorwand der „nationalen Verteidigung" die sofortige Verbrennung der Leiche gerechtfertigt wurde.

Um zu zahlreiche Einträge in die Totenregister der zuständigen Gemeinden zu vermeiden, wurden in den Anstalten eigene Standesämter gegründet (Wirth z.B. unterschrieb die Totenscheine als offizieller Standesbeamter von Hartheim[21]). Es war dennoch unvermeidlich, dass die Standesämter der Herkunftsorte der deutschen Opfer informiert wurden.

„Diejenigen Todesnachrichten, die die Ortsbezeichnung Waldegg Nr. 82 oder Niedernhart trugen gingen von Niedernhart aus [...] Jene von Hartheim gingen von Hartheim aus [...] Es ist aber möglich, daß bald dieser, bald jener Ort als Ausgangspunkt gewählt wurde, da dies zur Täuschung des Volkes dienen sollte [...]".[22]

Nur zwei Monate nach dem Beginn der Vergasungen in Hartheim schickte der Amtsgerichtsrat und Vormundschaftsrichter in Brandenburg an der Havel, Dr. Lothar Kreyssig, am 8. Juli 1940 einen energischen Protestbrief an Justizminister Franz Gürtner. Dieser Brief verdient es, hier in mehr als einer Hinsicht zitiert zu werden, da sein Absender als einziger hoher Beamte diese Einstellung vertrat, die schlussendlich auch seinen Rücktritt zur Folge hatte:[23]

„[...] Im Ablauf von etwa zwei Monaten bis heute habe ich mehrere Aktenstücke vorgelegt bekommen, in welchem Vormünder und Pfleger von Geisteskranken berichten, daß sie von einer Anstalt in Hartheim/Oberdonau die Nachricht erhalten hätten, ihr Pflegling sei dort verstorben [...] Was ist nor-

mal? Was ist heilbar? Was ist diagnostisch mit Sicherheit feststellbar? [...] Die Anstalt Hartheim nennt in jedem Bericht eine natürliche Todesursache [...]. Jeder aber weiß wie ich, daß die Tötung Geisteskranker demnächst als eine alltägliche Wirklichkeit ebenso bekannt sein wird, wie etwa die Existenz der Konzentrationslager. Das kann gar nicht anders sein. [...]"

Es waren schließlich die Proteste von Parteimitgliedern, die Himmler anscheinend dazu bewogen hatten, die Schließung der Anstalt Grafeneck in Württemberg zu verlangen[24], was im Dezember 1940 auch durchgeführt wurde[25], hauptsächlich, da die Geheimhaltung nicht mehr funktionierte. In Wirklichkeit wurde diese Anstalt jedoch einfach durch jene von Bernburg an der Saale in Sachsen, nahe Dessau, ersetzt.

In der Protestschrift, die am 9. Juli 1940 von Pastor Paul Gerhard Braune an Hitler geschickt wurde, kann man Folgendes lesen:[26]

„[...] Um die etwaige Zahl der in Grafeneck verstorbenen Personen ergründen zu können, mache ich darauf aufmerksam; daß [...] die Urne eines am 12. Mai 1940 in Grafeneck verstorbenen Max Dreisow die Nummer A 1.092 und die Urne der am 28. Juni 1940 ebenfalls in Grafeneck verstorbenen Else Lenne aus Berlin-Steglitz, Sachsenwaldstrasse 16, bereits die Nummer A 3.111 trägt [...]. In der Zeit vom 12. Mai bis 28. Juni – das sind 47 Tage – wären dann insgesamt 2.019 Personen gestorben, das ergäbe pro Tag 43 Sterbefälle im Durchschnitt in einer Anstalt mit rund 100 Betten [...]. Es handelt sich also hier um ein bewußtes planmäßiges Unternehmen zur Ausmerzung aller derer, die geisteskrank oder sonst gemeinschaftsunfähig sind [...] so ergibt sich unzweideutig, daß auch jeder alt gewordene Mensch, der im Alter an irgendwelchem geistigen, vielleicht auch nur körperlichen Leiden hoffnungslos erkrankt, dem gleichen Schicksal verfallen kann. Selbstverständlich sprechen sich im Volk diese Tatsachen langsam herum, daß die Angehörigen der Patienten in Heil- und Pflegeanstalten sich auf Besuchsfahrten kennenlernen und ihre Beobachtungen austauschen. Damit wird das Vertrauen zu solchen Anstalten auf das Schwerste erschüttert, besonders auch das Vertrauen zu Ärzten und Behörden. [...] Wie weit will man mit der Vernichtung des sogenannten lebensunwerten Lebens gehen? [...] Bei den Sicherungsverwahrten haben scheinbar die Maßnahmen der Euthanasie schon begonnen. [...] Wer ist anormal, asozial, wer ist hoffnungslos krank? [...] Wie wird es den Soldaten gehen, die sich im Kampf für das Vaterland unheilbare Leiden zuziehen? [...]."

In diesem Text wird Hartheim zweimal als Bestimmungsort für Kranke genannt, die vom Pflegeheim Berlin-Buch aus dorthin überstellt wurden.

Zahlreiche Indizien verstörten die deutsche Bevölkerung so sehr (zwei Urnen für denselben Toten, zwei zur beinahe selben Zeit verstorbene Schwestern, etc.), dass sich in einigen Gebieten massive Unruhe bemerkbar machte: Also fuhren die Leiter des österreichischen Pflegeheims in Valduna mit dem Auto ganz Vorarlberg ab, um in den Behindertenheimen geistig und körperlich Behinderte ausfindig zu machen, nur um diese nach Valduna zu überstellen.[27]

Falls es in den ohnehin eher seltenen Fällen Proteste der Ärzte oder sogar Verweigerungen gegeben hatte, an der Aktion T.4 teilzunehmen, dann dürfte die härteste Strafe die Entlassung des Betroffenen gewesen sein.[28] Die allgemeine Unruhe in der Bevölkerung äußerte sich sogar in Protesten von Privatpersonen[29], während sich die der Kirche erst allmählich ausweiteten. Nur wenig später jedoch, im selben Monat, in dem der Bischof von Münster, Clemens August von Galen, seine beherzte Predigt mit handfesten Anschuldigungen hielt[30], gab Hitler am 24. August 1941 den Befehl, die Euthanasieaktion vorübergehend einzustellen.[31]

1.4 Bilanz der Euthanasie bis zum 1. September 1941

Diese Bilanz kann, dank der glücklichen Entdeckung eines Heftchens von 39 Seiten in einem Stahlkoffer durch Charles H. Dameron, Major der amerikanischen Militärpolizei, am 25. Juni 1945 im Schloss Hartheim leicht erstellt werden.[32]

Es handelt sich dabei um eine Aufstellung der wirtschaftlichen Einsparungen durch die Euthanasie, die durch die Vernichtung der Kranken erzielt wurden. Diese wurde auf der Basis von 70.273 Personen erstellt, die bis zum 1. September 1941 ermordet wurden. Es wird hier eine Ersparnis von 88.543.980 RM pro Jahr angegeben, die verzehnfacht wird (unter der Annahme der Lebenserwartung der Kranken von zehn Jahren).

Ebenso unglaubliche Berechnungen erwähnen das Gewicht von 17 Lebensmitteln, die eingespart worden sind: Wenn man diese alle zusammenlegt (Brot, Zucker, Gemüse, Kartoffel, ...), so ergibt sich daraus eine Menge von 33.733.003,40 Kilogramm. Nur das Gewicht der 2.124.568 Eier ist nicht mit eingerechnet.

Der Bericht, unterzeichnet von einem gewissen Edmund Brandt[33], enthält außerdem die monatlichen Todesfälle jeder Anstalt, sowohl für 1940 als auch für 1941.[34]

Zahl der vergasten Opfer in den Euthanasieanstalten Jänner 1940 bis August 1941

Grafeneck	1940	9.839
Brandenburg	1940	9.772
Bernburg	1941	8.601
Hartheim	1940 und 1941	18.269
Sonnenstein	1940 und 1941	13.720
Hadamar	1941	10.072
gesamt		**70.273**

Zahl der vergasten Opfer in Hartheim

1940					
	Mai	**Juni**	**Juli**	**August**	
	633	982	1.449	1.740	
	September	**Oktober**	**November**	**Dezember**	**gesamt**
	1.123	1.400	1.396	947	**9.670**
1941					
	Jänner	**Februar**	**März**	**April**	
	943	1.178	974	1.123	
	Mai	**Juni**	**Juli**	**August**	**gesamt**
	1.106	1.364	735	1.176	**8.599**

Insgesamt für 1940 und 1941: 18.269

Für den Prozess gegen die ehemaligen Leiter der Organisation T.4*, der in Frankfurt von 1967–68 stattfand, war Edmund Brandt von der deutschen Justiz ausfindig gemacht und als Zeuge geladen worden. Er bestätigte die Grundzüge seines Berichts, den er im Jahre 1942 verfasst hatte. Er sollte 1970 präzisieren, dass ihm die Totenzahlen als die der Organisation T.4 übermittelt worden waren.[35]

* von dem auch im Rahmen der Transporte „14 f 13“ die Rede sein soll.

Willi Dreßen verdanken wir die Ermittlung von 815 zusätzlichen Opfern für Grafeneck.[36] In Anbetracht dieser neuen Erkenntnisse erreicht die Gesamtzahl der „Desinfizierten" in den sechs Anstalten in Wahrheit 71.088. In dieser Zahl sind die Patienten der Pflegeheime in Polen, Pommern und Ostpreußen, die alle dort vergast worden waren, nicht enthalten. Darüber liegen jedoch auch nur fragmentarische Dokumente vor.

2 DIE FORTSETZUNG DER AKTIONEN

Die Aktion T.4, also die Tötung kranker erwachsener Deutscher, wurde trotz ihrer Einstellung in anderer Form (auf die bald eingegangen wird) fortgesetzt, ebenso wie die Ermordung von Kindern und deutschen Juden, die von der Einstellung der Euthanasie ohnehin nicht betroffen war.

2.1 Die „wilde Euthanasie"

Ein Teil des T.4 Personals, ungefähr 92 Personen[1], die aufgrund ihrer Mitwirkung an Vergasungen „geschulte" Mitarbeiter darstellten, wurden für den Aufbau und den Betrieb der Vernichtungslager im Rahmen der „Endlösung der Judenfrage" (Aktion Reinhard) nach Polen versetzt. An dieser Stelle ist festzuhalten, dass diese Mitarbeiter von T.4 weiterhin dieser Organisation angehörten und ihre Bezahlung immer direkt durch die T.4 Finanzabteilung geregelt wurde.[2] Es ist auch bezeichnend, dass Franz Stangl bei seinem Amtsantritt in Sobibor imstande war, eine der dortigen Gaskammern aufgrund ihrer Ähnlichkeit mit jener von Hartheim sofort als Gaskammer zu identifizieren.[3]

Tatsächlich wurde eine neue Form der Euthanasie unter anderen, stärker geheim gehaltenen Bedingungen und auch dezentraler fortgesetzt: Sie wurde von einem Leiter der T.4 „wilde Euthanasie" genannt und wurde mit der mehr oder weniger direkten Beteiligung der T.4 Zentrale durchgeführt. Für letztere handelte es sich ohnehin nur um die vorübergehende Einstellung der „offiziellen" Euthanasie. Um die Aktion wieder aufnehmen zu können, wurde im Verlauf einer Arbeitssitzung am 12. August 1943 beschlossen, die Meldebögen der Pflegeheime weiterhin einzufordern.[4] Später, Anfang Jänner 1944, äußerte Dr. Karl Brandt sein Interesse, die Aktion nach Kriegsende wieder aufzunehmen!

Am 8. August 1943 wurde die Organisationsstruktur der T.4 durch die Schaffung mehrerer Dienststellen aufgeteilt, eine davon in Hartheim. Das seitdem gültige Organigramm der Organisation T.4 unterschied genau zwischen dem „Amtszentrum Hartheim" und der Einrichtung „C", Codename für die Anstalt Hartheim.[5] Es wurde dort auch ausgeführt, dass letztere für die Fortführung der „Desinfektionen", also der Vergasungen, zuständig war.

Das Amtszentrum Hartheim umfasste eine Finanzausgleichsabteilung und eine Abteilung für die Abwicklung der Institutsangelegenheiten. Die Größenordnung der im Umlauf befindlichen Geldmengen wird durch eine Überweisung von 14 Millionen RM an die T.4 Zentrale verdeutlicht.[6]

Was die Fortführung der Vergasungen von Geisteskranken und von als solchen eingestuften Menschen betrifft, so verfügt man für Hartheim nur über bruchstückhafte Zeugenaussagen. So zum Beispiel jene Aussage über 421 Patienten der Anstalt Kaufbeuren in Bayern.[7] Dieses Institut wurde von einem Arzt, selbst T.4 Experte, geleitet. Die Patienten wurden nach Untersuchungen am 30. März 1944 durch T.4 Ärzte Ende September 1944 nach Hartheim überstellt.

Diese Anstalt in Kaufbeuren war außerdem einer der elf Orte, an dem Geisteskranke konzentriert wurden, die aus den Reihen der Ostarbeiter, großteils Russen und Polen, selektiert worden waren. Diese Selektion basierte auf einem Erlass des Innenministeriums vom 6. September 1944.[8] Ab 9. Oktober stand die Bekleidung der Opfer, die in Hartheim verstorben waren, in Kaufbeuren wieder zur Verfügung. Man weiß auch von 800 Ostarbeitern, die über das Pflegeheim Mauer-Öhling (Österreich) nach Hartheim transportiert wurden.

Die Kontinuität in der Funktion von Niedernhart wurde am 31. August 1942 durch einen Transport von 60 Patienten in zwei Autobussen von der Klinik in Solbad Hall (heute Hall in Tirol, Anm. d. Ü.) bestätigt[9], nachdem bereits am 10. Dezember 1940, am 20. März und am 29. Mai 1941 drei Transporte von Hall nach Hartheim stattgefunden hatten. Insgesamt 707 Opfer konnten für diese Massenmorde eruiert werden, für die Dr. Hans Czermak in einem Prozess des Volksgerichtshofes Innsbruck am 1. Dezember 1949 verantwortlich gemacht und auch schuldig gesprochen wurde.[10] Er war als „Leiter des Gauamtes für Volksgesundheit für den Gau Tirol und Vorarlberg“ auch für das bereits erwähnte Pflegeheim Valduna zuständig (vgl. 1.3), das er von den Anstaltsinsassen „säubern“ wollte, um ihnen keine weitere Nahrung mehr beschaffen zu müssen. In seinem Prozess erklärte er: *„[...] meine Idee war, aus dem Tode der unheilbar Geisteskranken sollten andere Leben und Gesundheit erlangen, dadurch, daß ich Platz bekam, um für die Tuberculösen Heilstätten zu errichten.“*

Der Transport von August 1942 von Solbad Hall nach Hartheim ist vor allem deswegen bemerkenswert, weil er fast ein Jahr nach dem

Hitlerbefehl zur Unterbrechung der Aktion T.4 stattfand. Es gab hier also einen Arzt, Mitglied der NSDAP und der SA, der den Gehorsam verweigerte, entgegen der sonstigen Parole „Führer befiehl, wir folgen dir", die sonst immer für die Rechtfertigung der T.4 Ärzte herangezogen wurde.

Er war nicht der Einzige, zumal bereits vorher Dr. Lonauer nach Solbad Hall gefahren war, um den dortigen Direktor Dr. Klebelsberg zu überreden, 28 seiner Patienten (neun Männer und neunzehn Frauen) und zusätzlich 42 Patienten aus Valduna (22 Männer und 20 Frauen) an Ort und Stelle zu ermorden[11], um die Transportkosten nach Niedernhart zu sparen. Angesichts der Ablehnung dieses Vorschlags[12] verständigte sich Lonauer mit Czermak darauf, diesen Transport zu organisieren, offensichtlich gegen eine Spende von Benzinbezugsscheinen. Man kann dies aus einem Brief Lonauers an Czermak vom 5. November 1942 ableiten, in dem er ihn an seine Versprechen erinnert und daran, dass er diese Spende für die Durchführung des Transportes noch nicht erhalten habe: *„Außerdem erlaube ich mir, Sie darauf aufmerksam zu machen, daß ich bisher vom Gau Innsbruck für die Abholung der Kranken aus Hall kein Benzin ersetzt bekommen habe, ich kann jedoch auf die versprochene Benzinmenge nicht verzichten und muß Sie daher bitten, die Übersendung der Benzinscheine zu betreiben."*

In seiner Antwort vom 12. November 1942 schrieb Dr. Hans Czermak an Dr. Lonauer über den Transport vom 31. August 1942:[13] *„Ich bin sehr zufrieden, daß Ihre Behandlungsmethode von Erfolg gekrönt ist."* Ein weiterer bezeichnender Briefwechsel zwischen den beiden wird etwas weiter unten behandelt.

Die Vernichtung von Kranken wurde auf jeden Fall in den anderen T.4 Anstalten fortgesetzt. Für Hadamar kann man für den Zeitraum eines Jahres nach dem angeblichen Ende der Euthanasie im August 1941 3.000 bis 3.500 Opfer nachweisen[14], im Vergleich zu den 10.073 Vergasten vor diesem Datum.

Neu ist, dass die Vernichtung von Kranken auf zahlreiche Heil- und Pflegeanstalten ausgeweitet wurde. Kranke wurden nun für ihre Vernichtung sogar in Konzentrationslager gebracht, so geschehen am 2. April 1944, als 17 Epileptiker und Psychopathen aus der hessischen Anstalt Haina nach Mauthausen überstellt wurden.[15]

Im Jahr 1944 fand eine derartige Ausweitung der Euthanasie statt, dass in Kaufbeuren sogar ein eigenes Krematorium gebaut werden musste.

Kriegsverletzte mit schweren Verwundungen wurden hier mit tödlichen Injektionen ermordet, so z.B. acht amputierte Soldaten, wie einer der Anstaltssekretäre festhielt.[16]

Anfang 1945 wurden erhebliche Mengen toxischer Substanzen direkt vom KTI ausgegeben.

Die Zahl der registrierten Todesfälle in der Anstalt Großschweidnitz (Sachsen) ist bezeichnend:[17]

1939	1940	1941	1942	1943	1944	1945	gesamt
157	612	612	830	1.132	1.372	1.012	**5.717**

Im Rahmen der wilden Euthanasie erlangten die Eigeninitiative, der Fanatismus und die Mordlust bestimmter Ärzte eine große Tragweite. Man kann das Ende 1943 anhand der Beschäftigung von Dr. Emil Gelny, Leiter der Anstalt in Gugging, mit dem elektrischen Stuhl sehen, dessen Einsatz er im November 1944 bis in die Anstalt Mauer-Öhling ausdehnte. Er ist für mehr als 300 oftmals sadistische Morde verantwortlich.[18] Anlässlich eines psychiatrischen Kongresses in Gugging führte Gelny diesen elektrischen Stuhl mit einer Hinrichtung vor 30 bis 40 Psychiatern vor.

Die Ausschnitte aus den zwei folgenden Briefen verdeutlichen den Grad der Perversion bei zwei bereits genannten Ärzten.[19] Am 9. März 1945 schilderte Dr. Lonauer, noch immer Direktor von Niedernhart, Dr. Czermak die Situation, die ihn dazu zwinge, für seine Frau und seine Kinder einen ruhigeren Aufenthaltsort zu suchen: *„Da ich Ihnen seinerzeit geholfen habe, die Anstalten des Gaues Tirol zu entleeren, so hoffe ich, daß Sie wenigstens in einer dieser Anstalten soviel Platz finden, daß notfalls meine Frau mit den zwei Kindern dort unterkommen könnte.“*

Am 17. April erhielt Lonauer Czermaks Antwort, der zwar angab, seinem Wunsch aus Platzmangel nicht entsprechen zu können, ihm aber folgenden Vorschlag machte, der für beide von Vorteil sein könnte: *„Treten Sie ‚inkognito‘ vorübergehend als Oberarzt in unsere Heilanstalt Solbad Hall ein und organisieren Sie dort die Reduzierung des Krankenbestandes [...] Bei dieser Gelegenheit könnten Sie Ihre Familie ganz bestimmt in geeigneter Weise unterbringen.“*

Was soll man zu den Morden in Kaufbeuren nach dem „bewährtem Muster“ sagen[20], die lange nach der Kapitulation und nach der Ankunft der amerikanischen Truppen Ende April 1945 trotzdem noch stattfanden? Tatsächlich erschienen von Gerüchten alarmiert am 2. Juli 1945 einige Soldaten der amerikanischen Besatzungsarmee in der Anstalt und entdeckten dort die Leichen von Männern und Frauen mit einem Gewicht von 26 bis 33 Kilogramm, deren Tod nur 12 bis 72 Stunden vor ihrer Ankunft eingetreten sein musste. Sie fanden auch die Leiche von Dr. Gärtner, einem der Ärzte, der sich einige Stunden zuvor erhängt hatte.

Bezüglich der „wilden Euthanasie" verfügt man nur über die hier vorgestellten Fragmente, die kaum eine Gesamtschätzung der Opferzahl erlauben. Ihre Geheimhaltung brachte die Proteste der Bevölkerung allmählich zum Schweigen. Die letzten Proteste der Kirchen wurden im September 1943 ausgesprochen.[21]

2.2 Die Ermordung von Kindern

Die Ermordung behinderter Kinder, manchmal fälschlicherweise als „Kinder-Euthanasie" bezeichnet, begann, wie wir bereits gesehen haben, am 18. August 1939, noch vor Kriegsbeginn und der eigentlichen Euthanasieaktion und wurde ohne Unterbrechung bis zum Ende der Kampfhandlungen fortgesetzt.[22]

Im Gegensatz zur Aktion T.4 war hier der Bekanntheitsgrad der einschlägigen Bestimmungen sehr hoch, besonders da die Hebammen angehalten wurden, die Fruchtbarkeit und die deutsche Rasse zu erhalten und weiter zu verbessern.

Die Zusammenfassung eines dafür aufschlussreichen Dokuments wurde bereits veröffentlicht.[23] Darin wird festgestellt, dass sich im Rahmen einer Propaganda-Aktion von 1933 bis 1945 tausende Besucher nach Eglfing-Haar, wo eine eigene Abteilung für Kinderheilkunde geschaffen worden war, begeben hatten, um dort Vorträge mit der Vorführung von Kranken zu verfolgen. Es handelte sich dabei nicht nur um SS-Angehörige, sondern auch um Offiziere des Heeres, der Marine und der Luftwaffe, und selbstverständlich um Ärzte und Medizinstudenten. Insgesamt brachte man es auf 29.242 Zuhörer, vor denen die Angelegenheit nur indirekt angesprochen wurde, auch noch nach dem Erlass von 1939. Als jedoch einige fragten, warum man derartige Kranke überhaupt noch ernähre, betrachtete man die Indoktrination als erfolgreich beendet.

Man tötete die Kinder mit Luminal, Morphin-Scopolamin oder ließ sie schlichtweg verhungern.

Es dürften nur wenige Kinder vergast worden sein. Es liegt eine Zeugenaussage der bereits bekannten Oberschwester (vgl. 1.3) der Abteilung 5 in Niedernhart, Anna Bindner, vor und die Aussage einer Schwester Felicitas ebenfalls aus Niedernhart.[24] Vorher in Hartheim eingesetzt, hatte sie die Kontakte zu verschiedenen Angestellten weiter gepflegt, darunter zu einem Angestellten der landwirtschaftlichen Güter des Schlosses. Dieser Mann erklärte ihr, Zeuge der Ankunft eines Kindertransports gewesen zu sein. Außerdem fanden sich bei der Einstellung des Betriebes in Hartheim im Dezember 1944 Berge von Kleidung, darunter auch Kinderkleidung, die in der Garage des Schlosses gelagert worden war (Vgl. 3.2.1.2., Das Geheimnis ...).

Die Altersgrenze wurde schließlich auf 16 Jahre festgelegt, aber auch Erwachsene wurden in den Kinderabteilungen der Spitäler getötet.

Man schätzt die Zahl der Kindermorde auf 5.000[25], wobei die Proteste gegen diese Morde immer mit denen gegen die Aktion T.4 verwechselt werden.

2.3 Das Massaker an geisteskranken deutschen Juden

Die Registrierung kranker deutscher Juden begann am 15. April 1940.[26] Ab Juni 1940 ordneten Erlässe des Reichsinnenministeriums deren Konzentration in bestimmten Anstalten wie Buch (nahe Berlin), Neustadt (Schleswig) und Eglfing-Haar an.

Von Juni 1940 an wurden 200 Patienten von Buch in die T.4 Anstalt Brandenburg an der Havel überstellt, andere Kranke aus Neustadt landeten am 23. September 1940 in derselben Anstalt.

Ein Sonderstandesamt wurde im Rahmen von T.4 eingerichtet. Unter dem Poststempel „Chelm“ oder „Cholm II“, Postfach 422, Lublin wurden die Todesfälle von über 5.000 deutschen Juden beurkundet, auch jener, die in die Gaskammer von Brandenburg an der Havel transportiert worden waren. Die fiktiven Todesdaten erstreckten sich vom 4. Dezember 1940 bis zum 31. März 1941.

Die Post wurde nach Lublin transportiert, um von dort an die Familien verschickt zu werden. Es handelte sich hauptsächlich um Rechnungen. Diese Vorgangsweise erwies sich für die Organisation T.4 als großes

Geschäft, da sie weiterhin die Unterhaltszahlungen kassierte, oft noch Monate nach dem Tod der Patienten.[27] Das Postkonto von „Cholm II“ befand sich in Berlin.

Später, in den Jahren 1941 und 1942, wurden die deutschen jüdischen Kranken nach Polen transportiert (das damals in mehrere Regionen aufgeteilt war), hauptsächlich in den „Warthegau“ und in das „Generalgouvernement“, um dort ermordet zu werden. Im T.4 Organigramm findet sich jedoch auch noch am 8. August 1943 die Bezeichnung „Irrenanstalt Cholm“.

3 TRANSPORTE IM RAHMEN DER AKTION 14 f 13 NACH HARTHEIM

Im Frühjahr 1941 schloss Himmler mit dem „Chef der Kanzlei des Führers", Reichsleiter Philip Bouhler, ein Abkommen bezüglich eines Ansuchens an die T.4 Zentrale für die Ermordung von Kranken aus den Konzentrationslagern.[1] Tatsächlich wurde, angesichts der durch die grauenhaften Lebensbedingungen ständig steigende Zahl der „Körperschwachen", die Entscheidung gefällt, diese aus den Lagern zu entfernen. Um die anderen Häftlinge nicht zu beunruhigen, wurde die T.4 Organisation mit ihrem Personal und den Einrichtungen damit beauftragt.

Für diese Aktion wurde von Himmler und dem „Inspekteur der Konzentrationslager" die Bezeichnung „14 f 13" gewählt. Dieser Tarnname bezeichnete jene Häftlingstransporte, die für die Ermordung selektiert wurden und nicht in den Lagern selbst, sondern in den Euthanasieanstalten vergast wurden. Zwei Telegramme, eines des Lagerkommandanten von Groß-Rosen an die Amtsgruppe D des WVHA vom 26. März 1942 und deren Antwort vom selben Tag, haben als Betreff „Sonderbehandlung 14 f 13".[2]

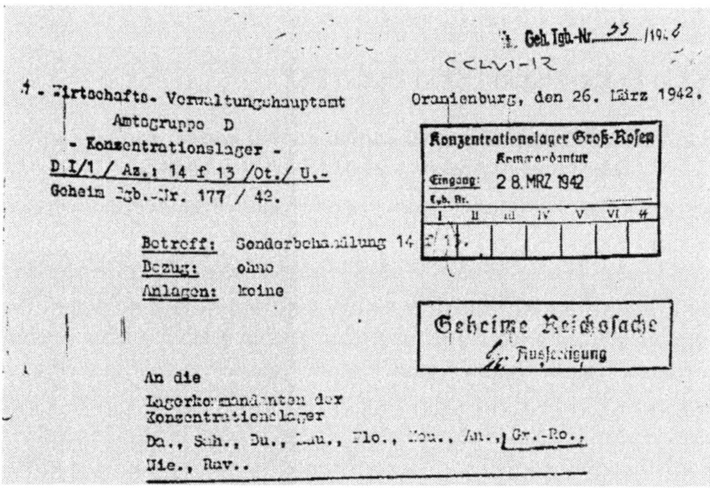

Geh. Tgb.-Nr. 55 /1942
CCLVI-12

Oranienburg, den 26. März 1942.

Wirtschafts- Verwaltungshauptamt
Amtsgruppe D
- Konzentrationslager -
D I/1 / Az.: 14 f 13 /Ot./ U.-
Geheim Tgb.-Nr. 177 / 42.

Konzentrationslager Groß-Rosen
Kommandantur
Eingang: 28. MRZ 1942
Tgb. Nr.
I II III IV V VI

Betreff: Sonderbehandlung 14 f 13.
Bezug: ohne
Anlagen: keine

Geheime Reichssache
Ausfertigung

An die
Lagerkommandanten der
Konzentrationslager
Da., Sah., Bu., Mau., Flo., Neu., Au., Gr.-Ro.,
Nie., Rav..

Abbildung 3: Telegramm der Amtsgruppe D mit dem Code "14 f 13" an die Kommandanten der angeführten Konzentrationslager.

In den Konzentrationslagern wurde mit der Zustimmung Himmlers und nach einem Erlass des Justizministeriums vom 22. Oktober 1942 ein Geheimcode verwendet[3], dessen Kürzel „14 f" den Tod eines Häftlings bezeichnete. Die Todesart wurde durch einen Zusatz verschleiert: 14 f 1: natürlicher Tod; 14 f I: Exekution; 14 f 2: Selbstmord oder Unfall; 14 f 3: auf der Flucht erschossen.

Bezüglich Mauthausen stellte der Lagerkommandant Franz Ziereis fest: *„[...] SS-Gruppenführer Glücks gab die Anordnung schwache Häftlinge als Geisteskranke zu bezeichnen und jene in einer Anlage, die in Schloß Hartheim bei Linz vorhanden war, mit Gas umzubringen[...]".*[4]

Die Organisation T.4 stellte eine Kommission zusammen, die aus Experten der Psychiatrie wie Dr. Fritz Mennecke (später SS-Obersturmbannführer) und Spitalsärzten wie Dr. Lonauer bestand. Diese Kommission besuchte jedes der großen Konzentrationslager. So nahm z.B. Mennecke am 4. April 1941 an einer Selektion in Sachsenhausen teil und im November war er in Ravensbrück.[5]

Die Aktion 14 f 13 wurde von der Entscheidung zur Einstellung der T.4 Aktion vom August 1941 keineswegs berührt, im Gegenteil: Am 10. Dezember 1941 kündigte eine Weisung des WVHA den verschiedenen Lagern die Besuche der medizinischer Kommissionen an, für Jänner 1942 in Flossenbürg, in Groß-Rosen, Neuengamme und Niederhagen.[6]

3.1 Erste Phase: 1941 und 1942

3.1.1 Die Transporte von Mauthausen und Gusen ins „Häftlingssanatorium von Dachau" (Hartheim)

Die ersten KZ-Häftlinge der Aktion 14 f 13 kamen aus Mauthausen und Gusen.

In Gusen, dem größten Nebenlager von Mauthausen, in dem zu dieser Zeit in drei Steinbrüchen Granit abgebaut wurde, kündigte der Rapportführer Rudolf Brust, wahrscheinlich im Mai 1941, den versammelten Blockschreibern an, dass in Anbetracht der großen Zahl arbeitsunfähiger Häftlinge die Lagerführung* *„[...] die Zuteilung von 2.000*

* SS-Hauptsturmführer Karl Chmielewski war Kommandant des Lagers Gusen, während der SS-Standartenführer Franz Ziereis für den gesamten Mauthausenkomplex verantwortlich war.

Plätzen in einem Sanatorium für diejenigen, die das wünschten, erreicht hatte [...]".[7]

Hierzu ist zu bemerken, dass diese Zahl von Mennecke auch für die anderen Konzentrationslager genannt wurde.[8]

Die Nennung des Namens Dachau sorgte sofort für Gesprächsstoff, da von einigen Häftlingen, die Monate zuvor dorthin überstellt worden waren, bruchstückhafte Nachrichten nach Mauthausen gelangt waren, in denen von „angenehmeren Lebensbedingungen" die Rede war. Das war auch der Grund dafür, dass sich ein Zeuge dieser Ereignisse, Mieczyslaw Kowalewski, der übrigens in guter Verfassung war, unter den 1.200 Häftlingen, die für diesen Transport zusammengestellt worden waren, befand. Der SS-Arzt von Gusen und sein Kollege aus Mauthausen suchten dann nach Gutdünken die fehlenden Häftlinge aus, um die gewünschte Anzahl von 2.000 zu erreichen.

Im Juni 1941 kam die medizinische Begutachtungskommission nachweislich auch nach Mauthausen, darunter unter anderem die Ärzte Lonauer und Renno. Begleitet von SS-Männern führten sie die Selektion der künftigen Opfer unter Zuhilfenahme der bekannten T.4 Meldebögen durch, von denen vor allem durch Mennecke bekannt ist, wie diese ausgefüllt wurden.[9]

Die Häftlinge wurden anschließend in mehreren Blocks isoliert und in zahlreichen Transporten nach Hartheim überstellt. Davon sind siebzehn Namenslisten bekannt:

a) Zwei Listen betreffen Transporte von insgesamt 150 Häftlingen aus Mauthausen:[10] Es sind dies sogenannte „Veränderungsmeldungen", auf dem Papier der Mauthausener Lagerschreibstube.

- Die erste mit Datum vom 11. August 1941 trägt folgende Vermerk: *„Abgang: 70 jüdische Häftlinge aus dem KL Mauthausen für das Lager Sanatorium Dachau"*.
- Auf der zweiten Liste ist vermerkt, dass *„am 12. August 1941 80 Häftlinge"* an den selben Bestimmungsort überstellt wurden.

b) Die fünfzehn anderen Listen mit insgesamt 1.011 Häftlingen stammen aus Gusen[11], laut dem Briefkopf der Listen „KL Mauthausen/Unterkunft Gusen/Politische Abteilung". Es findet sich darauf folgender Vermerk: *„Liste von invaliden Häftlingen, die ins KL Häftlings-Sanatorium nach Dachau überstellt wurden"*.

K.L.Mauthausen/Unterkunft Gusen. VII Gusen,den 10.Dezember 1941.

Liste der Häftlinge,welche am 10.12.41 nach KLDachau/Hftl.San.überst.wurden:

Lfd.Nr.	Name	Vorname	Geb.Dat.	Hftl-Nr.	Hftl-Art	Transp.Liste Nr.
1	Bedzinski	Wenzel	18.9.11	4936	Pole	19
2	Blaszczak	Johann	14.1.09	3382	Pole	20
3	Bochenski	Stanislaus	20.3.04	5983	Pole	18
4	Boguslawski	Georg	9.10.11	5984	Pole	20
5	Bralczyk	Kasimir	4.3.17	70	Pole	19
6	Brenda	Ignaz	30.7.01	1191	Pole	18
7	Camona-Portillo	Eduardo	18.3.00	9082	Spanier	22
8	Criado	Jose	27.2.13	9154	Spanier	22
9	Czajkowski	Siegmund	21.1.02	142	Pole	18
10	Dobierzynski	Eduard	17.9.99	3515	Pole	20
11	Danielski	Ignaz	20.5.17	6097	Pole	18
12	Dojnikowski	Johann	10.7.10	1361	Pole	20
13	Dutkowski	Theofil	24.4.18	3449	Pole	20
14	Fiehn	Gustav	16.6.87	7496	AZR/Deutscher	18
15	Garcia	Francisco	4.10.17	9256	Spanier	22
16	Grabowski	Romuald	27.3.14	265	Pole	20
17	Heinrich	Hieronimus	25.3.02	3703	Pole	18
18	Herok	Johann	9.12.81	3705	Pole	21
19	Herweck	Heinrich	3.2.10	2136	Schutz/Deutscher	22
20	Jedrasiak	Stanislaus	7.4.21	3775	Pole	18
21	Jurkiewicz	Georg	10.9.12	7534	Pole	20
22	Kaczmarek	Josef	22.12.93	5203	Pole	20
23	Kaliszczuk	Johann	5.3.14	8052	Pole	20
24	Klimczewski	Johann	29.4.96	402	Pole	20
25	Kozlowski	Thaddäus	14.2.94	459	Pole	20
26	Krysinski	Josef	18.3.19	6543	Pole	20
27	Labedzki	Sranislaus	21.3.01	7655	Pole	21
28	Lange	Siegmund	20.4.15	6598	Pole	18
29	Lossmann	Eduard	12.10.05	1951	Pole	18
30	Luczko	Georg	10.10.06	8586	Pole	22
31	Maczynski	Bronislaus	2.2.02	4112	Pole	21
32	Maniewski	Johann	9.7.17	8601	Pole	20
33	Marchewka	Josef	2.11.06	5429	Pole	17
34	Markowski	Stanislaus	11.10.14	8104	Pole	18
35	Max	Johann	13.12.03	2038	Pole	18
36	Mazanek	Alexander	15.3.21	4161	Pole	18
37	Migalski	Stanislaus	24.4.09	6728	Pole	21
38	Mirek	Johann	21.1.00	5469	Pole	17
39	Niemczyk	Franz	6.12.16	12690	Pole	17
40	Nowacki	Marian	2.2.09	8665	Pole	18
41	Nowacki	Stefan	31.8.22	5510	Pole	17
42	Odria-Ibarlucea	Jose	11.1.22	9511	Spanier	17
43	Papay	Josef	4.5.16	12631	AZR/Zigeuner	17
44	Parada	Thaddäus	22.12.08	6555	Pole	21
45	Pastewnyczny	Ivan	23.5.13	12292	Pole	22
46	Pastor-Delgado	Antonio	25.12.20	11579	Spanier	17
47	Ratajczak	Leo	2.6.16	6960	Pole	21
48	Rogacz	Konrad	9.10.16	5637	Pole	18
49	Serwach	Johann	23.11.23	8815	Pole	17
50	Snaglewski	Roman	3.1.96	5700	Pole	21
51	Stefaniak	Johann	9.5.81	7176	Pole	21
52	Tomaszek	Josef	7.2.87	4693	Pole	20
53	Tomczyk	Felix	1.1.14	8890	Pole	19
54	Tost-Planet	Mariano	5.12.20	9746	Spanier	17
55	Turkowski	Siegmund	25.8.11	8896	Pole	21
56	Widynski	Marian	8.12.17	4763	Pole	20
57	Wieczorek	Wenzel	27.10.06	7287	Pole	21
58	Wierucki	Johann	9.2.05	7289	Pole	18
59	Wojciechowski	Kasimir	26.2.93	4788	Pole	21
60	Wojcikowski	Johann	8.6.01	8929	Pole	17
61	Wisniewski	Johann	13.10.03	8924	Pole	22
62	Zaiser	Paul	28.2.13	12788	BV/Deutscher	17
63	Ziarkiewicz	Peter	3.6.06	8956	Pole	17

Abbildung 4: Transportliste in das „KL Dachau Häftlingssanatorium", 10. Dezember 1941. Man kann auf dieser Liste den Namen von Jose Odria-Ibarlucea erkennen, dessen Todfallsaufnahme aus Mauthausen vom 19. Dezember 1941 in Abbildung 5 zu sehen ist.

August 1941	**14.**	**15.**	**16.**	**18.**	**19.**	**20.**	**21.**
Häftlinge	45	75	75	80	75	80	80
Dezember 1941	**8.**	**9.**	**10.**	**11.**	**12.**	**13.**	**14.**
Häftlinge	60	60	60	60	60	60	63
Februar 1942	**4.**						
Häftlinge	77						

Abbildung 4 ist eine Reproduktion der Liste vom 10. Dezember 1941.

Im Verzeichnis der „Überstellungen und Entlassungen" des KZ Mauthausen[12] scheinen noch weitere Anmerkungen auf, die höchstwahrscheinlich Transporte von Mauthausen nach Hartheim sind, in denen aber nur die Gesamtzahl der Häftlinge und deren Nationalität angeführt sind:

Datum	**16. 12. 1941**	**30. 1. 1942**	**2. 2. 1942**	**21. 11. 1942**	**21. 11. 1942**
Häftlinge	55	70	77	76	24

Es müssen noch die ergänzenden Hinweise für den 9. Oktober 1942 berücksichtigt werden[13], die auch einen Transport von Gusen betreffen, wovon aber nur die überstellten Spanier identifiziert sind.[14] Weiters gibt es noch seit der Befreiung bekannte Hinweise aus einer polnischen Quelle.[15]

Wir erhalten also folgende Zahlen:

- für Gusen: 1.132 Häftlinge (davon 934 im Jahre 1941)
- für Mauthausen: 481 Häftlinge (davon 247 im Jahre 1942)

Das macht insgesamt für diesen Zeitraum 1.613 in Hartheim ermordete Häftlinge, von denen 1.239 namentlich bekannt sind.

Aus dieser Zahl darf jedoch keinesfalls geschlossen werden, dass das angestrebte Ziel von 2.000 Opfern nicht erreicht werden konnte, denn die hier präsentierten Zahlen stammen aus der Analyse der wenigen wiedergefundenen oder vor der Vernichtung geretteten Dokumente und müssen daher als absolute Minimalwerte angesehen werden.

Im Prozess gegen Hans-Joachim Becker* und Robert Lorent** wurde diese Bilanz eingehend behandelt.[16] Die fünfzehn Listen aus Gusen wurden dort in Anwesenheit des Mannes, dem es gelungen war, sie zu retten und nach Frankreich zu transportieren, als authentisch eingestuft. Der spanisch-republikanische Häftling Casimir Climent-Sarrion, der in der politischen Abteilung in Mauthausen eingesetzt war, war gleich durch die Heimlichtuerei der SS-Männer der politischen Abteilung auf gewisse Manipulationen aufmerksam geworden: Bereits abgelegte Karteikarten von Häftlingen, die vom Lager Mauthausen weggebracht worden waren, wurden nach und nach in die Totenkartei des Lagers einsortiert, ohne dass jedoch die Namen dieser Häftlinge ins Totenbuch aufgenommen worden wären. Die Daten dieser Todesfälle stimmten nicht mit denen der Transporte überein. Es gelang Climent aber, die Namen von 449 Landsleuten herauszuschreiben.[17]

Es muss hier festgehalten werden, dass in keinem einzigen Totenbuch aus Mauthausen und Gusen die Namen der Hartheimopfer aus den Jahren 1941 und 1942 vermerkt sind.

Die Todfallsaufnahme (Abbildung 5), die vom Mauthausener Standesamt ausgestellt wurde, zeigt, dass der Spanier Jose Odria-Ibarlucea für den 19. Dezember 1941 als in Mauthausen verstorben gemeldet wurde, obwohl er angeblich laut Transportliste vom 10. Dezember 1941 (Abbildung 4) ins sogenannte *„Häftlings-Sanatorium Dachau"* überstellt wurde, damals die Tarnbezeichnung für Hartheim.

Abgesehen von wenigen Ausnahmen schienen die Häftlinge damals aufgrund der erfolgreichen Geheimhaltung den Namen Hartheim nicht gekannt zu haben. Ich selbst kam sechs Monate nach den vorläufig letzten Transporten nach Hartheim in Gusen an und kann bezeugen, dass ein hartnäckiges Gerücht über ein geheimnisvolles Tötungszentrum „Ybbs" im Lager im Umlauf war. Ich erinnere mich auch daran, mit welcher Furcht dieser Name ausgesprochen wurde.***

---

* Seit August 1943 Chef der T.4 Dienststelle in Hartheim und gleichzeitig Büroleiter der Euthanasieanstalt von Hartheim.

** Chef der Abteilung III der T.4 Zentrale in Berlin (wirtschaftliche Angelegenheiten und Einkauf).

*** „Ybbs" ist jedenfalls der Name einer Anstalt (deren Leiter auch ein fanatischer Nazi), die auch im Netzwerk der Euthanasieaktion war. ZSL VI, 439, AR 1108/67 (Vg 11, Vr 2407/46), S.23.

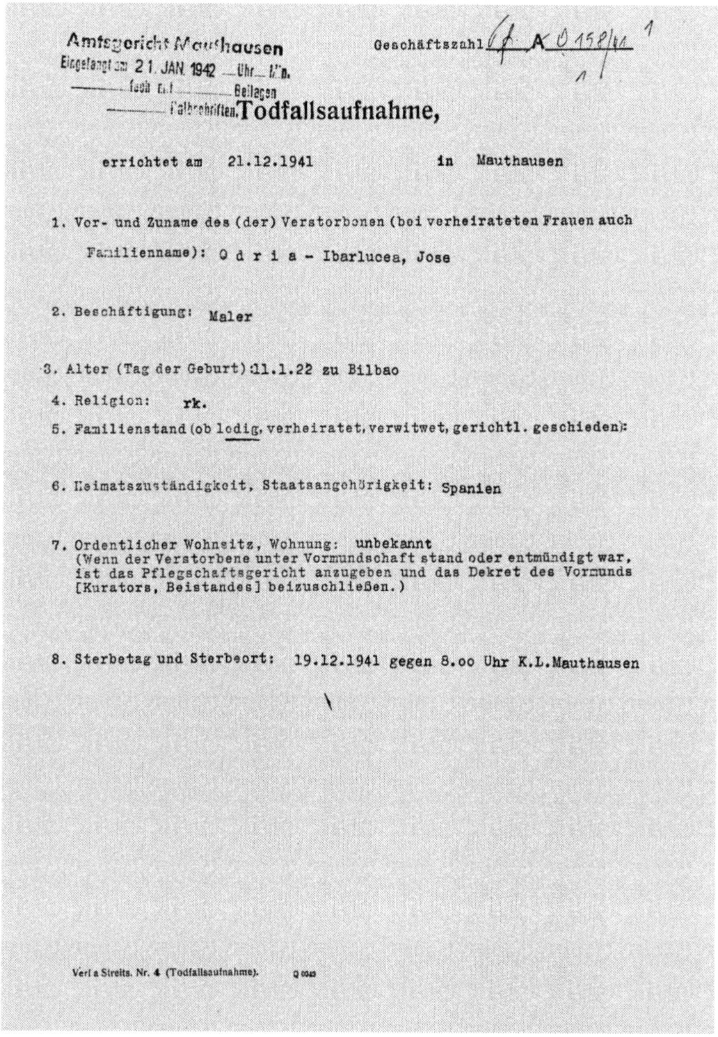

Amtsgericht Mauthausen
Eingelangt am 21. JAN. 1942 Uhr M.
fach mit Beilagen
Halbschriften.

Geschäftszahl Cf A 0 158/41

Todfallsaufnahme,

errichtet am 21.12.1941 in Mauthausen

1. Vor- und Zuname des (der) Verstorbenen (bei verheirateten Frauen auch Familienname): O d r i a - Ibarlucea, Jose

2. Beschäftigung: Maler

3. Alter (Tag der Geburt): 11.1.22 zu Bilbao

4. Religion: rk.

5. Familienstand (ob ledig, verheiratet, verwitwet, gerichtl. geschieden):

6. Heimatszuständigkeit, Staatsangehörigkeit: Spanien

7. Ordentlicher Wohnsitz, Wohnung: unbekannt
(Wenn der Verstorbene unter Vormundschaft stand oder entmündigt war, ist das Pflegschaftsgericht anzugeben und das Dekret des Vormunds [Kurators, Beistandes] beizuschließen.)

8. Sterbetag und Sterbeort: 19.12.1941 gegen 8.oo Uhr K.L.Mauthausen

Verl. a Streits. Nr. 4 (Todfallsaufnahme).

Abbildung 5: Erste Seite der Todfallsaufnahme von Jose Odria-Ibarlucea, ausgestellt vom Amtsgericht Mauthausen (ISD Arolsen). Neben dem Todesdatum und der Todeszeit ist als Todesort das Konzentrationslager Mauthausen angegeben. Das bedeutet, dass es sich bei der Liste in Abbildung 4 nicht um einen Häftlingstransport von Mauthausen (z.B. tatsächlich nach Dachau) handeln kann. Es ist vielmehr eine Liste von Häftlingen, die in Hartheim vergast wurden.

Aber für die SS-Männer war es kein Geheimnis: Es genügt dazu, einige ihrer Zeugenaussagen zu nennen.

Der Gusener Kommandant Karl Chmielewski gibt an, dass er über die Bezeichnung 14 f 13 und deren Bedeutung informiert war, noch bevor die ersten Transporte nach Hartheim abgegangen waren: Es handelte sich um die Ermordung von Häftlingen durch Gas.[18]

Der SS-Hauptsturmführer Viktor Zoller war von Mai 1940 bis Mai 1942 Adjutant von Ziereis, bevor er Kommandant der Wachmannschaften wurde.

Abgeurteilt im großen Mauthausen-Prozeß 1946[19], der von den amerikanischen Militärbehörden verhandelt wurde, erklärte er, dass er sich besonders daran erinnere, wie Dr. Lonauer 1941 für eine private Aussprache mit Ziereis nach Mauthausen gekommen war. Nach seiner Abreise versammelte Ziereis mehrere Angehörige der Kommandantur, um ihnen mitzuteilen, dass die arbeitsunfähigen Häftlinge in Hartheim vergast werden sollten. Man musste sich auch über den Rücktransport der Kleidungsstücke Gedanken machen, die zuerst gelagert, dann sortiert und schließlich an andere Häftlinge weitergegeben werden sollten. Eine Kommission unter der Leitung von Lonauer kam nach Mauthausen. Anschließend kamen häufig Busse aus Hartheim, um die als Opfer ausgewählten Häftlinge abzuholen, die dann in Hartheim vergast wurden. Die Totenlisten wurden mit dem Aktenzeichen 14 f 13 versehen, das auch für die gesamte Hartheimkorrespondenz verwendet wurde. Aufgrund der großen Anzahl dieser Häftlinge wurde die Registrierung ihrer Todesfälle (auf den Karteiblättern) über mehrere Monate verteilt.

Zoller wurde einmal von Ziereis eingeladen, ihn zu einem Empfang von Lonauer auf Schloss Hartheim zu begleiten. Bei dieser Gelegenheit sah er die Gaskammer mit fünfzehn bis zwanzig nackten Leichen von Männern und Frauen, die laut Lonauer aus einer Irrenanstalt gekommen wären. Deren Asche wurde in die Donau geworfen.

Zoller fügt noch hinzu:

„[...] Ziereis führte mich eines Tages in die Gaskammer des Lagers Mauthausen. Bis dorthin hatte ich deren Existenz und Einrichtung vollkommen ignoriert. Ich hatte niemals eine Anordnung gesehen, die befahl, in Mauthausen eine Gaskammer zu errichten. Ich nehme an, es war Ziereis, der nachdem er Hartheim besichtigt hatte, die Einrichtung einer solchen Kammer veranlaßt hatte [...]".

Der SS-Oberscharführer Walter M., bis Sommer 1941 in Mauthausen eingesetzt, war der Lenker eines Mercedes-Autobusses, der zum Lager Mauthausen gehörte. Er selbst fuhr viermal nach Hartheim, nachdem er den Bus im Garagenhof des Lagers mit Häftlingen beladen hatte. Dieser Bus hatte fünfzig Sitzplätze. Trotzdem transportierten aber gleichzeitig noch zwei weitere Postbusse, deren Chauffeure in Hartheim stationiert waren, und die etwas weniger Fassungsvermögen besaßen, Häftlinge dorthin.[20]

Bevor Dr. Renno ins Theater ging, fuhr er nach Mauthausen, um sich von einem Häftlingsfriseur die Haare schneiden zu lassen.[21] Auch das zeigt die guten nachbarschaftlichen Beziehungen, die zwischen den Ärzten von Hartheim und den SS-Männern von Mauthausen bestanden.

Hartheim und Mauthausen, beide im Gau „Oberdonau", standen unter dem besonderen Einfluss von Gauleiter August Eigruber. Eigruber war in der SS-Hierarchie eine sehr hochstehende Persönlichkeit, SS-Obergruppenführer (also derselbe Dienstgrad wie Heydrich) und war als Reichsstatthalter direkt Himmler und Hitler unterstellt. 1939 hatte er die Abtretung von Schloss Hartheim an die T.4 Zentrale genehmigt. Man weiß, dass er auch mit Dr. Lonauer in Verbindung stand und dass er sogar bei Vergasungen in Hartheim anwesend war.[22] Eigruber scheint in Bezug auf Hartheim auch eine gewisse Schirmherrschaft übernommen zu haben, wenn man folgende Angelegenheit in Betracht zieht: Anlässlich der Einstellung des stellvertretenden Wirtschaftsleiters von Hartheim, Hans Heinrich Lenz, wurde dessen Verwendungsort von Eigruber selbst bestimmt, nachdem Lenz vom RSHA den Befehl erhalten hatte, sich bei Eigruber vorzustellen.[23] Außerdem war Eigruber, der insgesamt 26 Mal das Konzentrationslager Mauthausen besucht hatte, darunter einige Male mit Himmler und Kaltenbrunner, in dauerndem Kontakt mit Ziereis. 1943 wurde Eigruber Reichsverteidigungskommissar von Oberdonau und bekam somit Ziereis unter seine direkte Zuständigkeit.[24] Er war auch bei Hinrichtungen im Lager dabei, insbesondere bei einigen Vergasungen in der Gaskammer von Mauthausen, wie er angab.

Eigruber verfolgte einige Einweisungen nach Mauthausen ganz genau, wie man seiner Rede vom 27. Juni 1941 entnehmen kann:

„[...] Es hat einen großen Streik in Amsterdam gegeben [...] Wir haben alle Anführer dieses Streiks festgenommen, und wenn Sie sich dafür interessieren, können sie sie in Mauthausen sehen. Sie werden dort kommunistische niederländische Parteiführer sehen. Es gibt unter ihnen 307, die alle Juden

sind. Wenn ihr diese Kreaturen betrachtet und wenn irgendeiner danach noch Kommunist bleibt, dann leidet er wohl an großer Geschmacklosigkeit [...]."

In Wirklichkeit handelte es sich um junge niederländische Juden, die im Zuge von Razzien am 22. und 23. Februar und am 11. Juni 1941 in Amsterdam festgenommen worden waren.[25] Sie kamen bereits im Juni nach Mauthausen, darunter waren 107 Häftlinge, die laut den beiden Transportlisten vom 11. und 12. August als Erste in Hartheim vergast wurden. Es ist sicher kein Zufall, dass die Aktion 14 f 13 in Hartheim mit der Vergasung von Juden begonnen wurde.

3.1.2 Die „Invaliden-Transporte" vom Konzentrationslager Dachau nach Hartheim

Im Juli 1941 fanden im Lager Dachau zahlreiche Zählappelle statt, im Zuge derer in einer ersten Selektion ungefähr 7.000 Häftlinge von der Lagerführung und den SS-Ärzten ausgewählt wurden. Dr. Enno Lolling, SS-Standartenführer und „Leitender Arzt aller Konzentrationslager" informierte darüber den SS-Lagerarzt, Dr. Julius Muthig.[26]

Am 3. September 1941 kam die T.4 Kommission, bestehend aus vier Ärzten, darunter Dr. Lonauer und Dr. Mennecke, in Dachau an. In einem Brief dieses Datums berichtet Dr. Mennecke[27], dass die Kommission wartete, bis die SS die Deckblätter der Fragebögen ausgefüllt hätte, um anschließend die Untersuchungen durchzuführen: *„[...] Es gibt nur 2.000 Männer, die schnell bereit sein werden, denn ein Blick wird genügen [...]".* Diese Kommission kehrte noch mehrere Male ins Lager zurück und Muthig gab an, dass nach seiner Beobachtung die Untersuchungen aus dem bloßen Überfliegen des Krankenaktes in Gegenwart des Betroffenen bestand.

Nach der Befreiung von Dachau wurden die im Jahre 1942 vom Revierschreiber Hans Schwarz versteckten Dokumente wieder gefunden.[28] Sie enthalten Informationen zu den Abtransporten der Häftlinge der letzten Selektion.

Diese Invaliden-Transporte[29], wobei man aus zahlreichen Zeugenberichten weiß, dass es sich in Wahrheit nur um erschöpfte Häftlinge handelte, wurden einerseits in den Transportlisten und andererseits auch anhand der „Veränderungsmeldungen" mit der Bemerkung *„überstellt mit Datum vom ...*" festgehalten. Auf den Häftlingspersonalkarten wurde zu jedem Namen das Überstellungsdatum notiert, z.B. „15. Jänner, Joseph

Bauer" gefolgt vom, wahrscheinlich erfundenen, Sterbetag (hier: der 31. Jänner 1942). Es wurde kein Bestimmungsort für den Transport angegeben, im Gegensatz zu den echten Überstellungen in andere Lager.

Liste der Überstellungen:

Jänner 1942	**2.**	**6.**	**9.**	**12.**	**15.**	
Häftlinge	120	120	120	120	98	
	16.	**19.**	**20.**	**22.**	**26.**	**27.**
	100	100	99	100	100	100
Februar 1942	**16.**	**17.**	**19.**	**24.**	**26.**	
Häftlinge	60	100	99	100	99	
März 1942	**2.**	**3.**				
Häftlinge	100	97				
Mai 1942	**4.**	**6.**	**18.**	**20.**	**28.**	
Häftlinge	118	119	116	60	119	
Juni 1942	**11.**					
Häftlinge	29					
August 1942	**10.**	**12.**				
Häftlinge	98	83				
Oktober 1942	**7.**	**12.**	**14.**			
Häftlinge	90	120	120			
November 1942	**27.**	**28.**				
Häftlinge	10	12				
Dezember 1942	**1.**	**4.**	**7.**	**8.**		
Häftlinge	12	12	13	12		

Die Bilanz für 1942 beträgt also 3.075, hauptsächlich polnische Katholiken, darunter 332 Priester.[30]

Ab März 1942 kamen die Kleidungsstücke und Prothesen der Häftlinge der ersten Transporte zurück ins Lager und bewiesen somit deren sicheren Tod. Einige SS-Männer sprachen von einem in der Nähe von Linz gelegenen Zielort, wenig später dann nur mehr von Hartheim. Es ist also nicht überraschend, dass es Muthig, der Dachau bereits im Jänner 1942 verließ, mit Mauthausen verwechselte.

Nach den Angaben von Hans Schwarz wurden die Transporte im Dezember 1942 vorübergehend eingestellt, weil das gesamte Lager Dachau bis zum 1. April 1943 wegen einer Typhus-Epidemie unter Quarantäne stand. Während dieser Zeit betrat die SS das Lager nicht und es gab daher auch keine Häftlingstransporte.

Aus den vorangegangen Dokumenten lässt sich auch ein Transport von 150 Häftlingen mit Datum 9. November 1944 nach Hartheim beweisen, also in einer Periode, die die sogenannte zweite Phase der Aktion 14 f 13 darstellt.

Aufgrund der Tatsachen, die ich eben angeführt habe, beläuft sich die Gesamtzahl der Dachauer Häftlinge, die 1942 und 1944 vergast wurden, auf 3.225.

Unter diesen Umständen erscheint es besonders unbegründet, dass manchmal besonders darauf hingewiesen wird, dass für Vergasungen im Lager Dachau selbst keine Beweise vorlägen.* Damit soll nur die Tatsache vertuscht werden, dass sehr wohl zahlreiche Dachauer Häftlinge vergast wurden.

Die Errichtung der Dachauer Gaskammer im August 1942 wurde vom SS-Arzt Dr. Sigmund Rascher[31] nach dem Beispiel der Gaskammer von Linz (Hartheim) beschlossen.[32] Diese war offensichtlich, wie bereits erwähnt, ja auch das Vorbild für Gaskammer in Mauthausen.

* Abgesehen von einigen Hinrichtungsversuchen im Jahre 1944, konnte die reguläre Inbetriebnahme der Dachauer Gaskammer nicht bewiesen werden.

3.2 Zweite Phase: 1944

3.2.1 Die Transporte von Mauthausen und Gusen

Im Frühling 1944 bekam der SS-Standortarzt von Mauthausen, SS-Hauptsturmführer Friedrich Entress, den Befehl von Ziereis, wieder mit der Selektion der arbeitsunfähigen Häftlingen zu beginnen. Die Wiederaufnahme der Liquidierung von Häftlingen war vom Inspekteur der Konzentrationslager, dem SS-Gruppenführer Richard Glücks, angesichts der alarmierenden Umstände in Mauthausen und Gusen entschieden worden, wo die Zahl der Kranken immer weiter anstieg.[33]

Die Aktion 14 f 13 konnte nur in Hartheim fortgeführt werden, der einzigen T.4 Anstalt, in der die Gaskammer noch in Betrieb war. Am 19. April 1944 bestellte die für den Einkauf zuständige T.4 Abteilung fünfzehn Flaschen CO, die nur für Hartheim bestimmt sein konnten.[34]

Unter der Leitung von Dr. Entress fanden die Selektionen hauptsächlich im Sanitätslager von Mauthausen und im Revier von Gusen statt. Entress war seit 14. Dezember 1941 Arzt in Auschwitz gewesen, bevor er am 21. Oktober 1943 zum Standortarzt in Mauthausen ernannt wurde.

Angeklagt beim großen Mauthausen-Prozess, gab er 1946 in Dachau zu Protokoll:[35]

„Nachdem ich schon in Auschwitz Kranke ausgesucht hatte, die dann sofort in die Gaskammer gesteckt und dort getötet wurden, habe ich mein Möglichstes getan, nur diejenigen Kranken auszusuchen, bei denen klar war, das sie bei den in Mauthausen herrschenden Zustände ohnehin nicht mehr gesund werden würden [...] Diese Kranken [...] sind durch [die Lager-SS] nach Hartheim gebracht worden. [...] Die Kranken sind dann vergast worden."

Der SS-Lagerschreiber der Kommandantur von Mauthausen, SS-Hauptscharführer Hans Haider, gab an, dass die Namen der selektierten Häftlinge an die politische Abteilung geschickt wurden. Hartheim wurde genauso behandelt wie ein internes Kommando von Mauthausen; jene Häftlinge blieben weiterhin im Gesamtbestand. Diese Vorgangsweise war jedoch geheim: Hartheim wurde folglich in den Lagerakten „Erholungslager" oder „Erholungsheim" genannt. Aus diesem Grund nimmt man an, dass es zumindest eine faktische Anbindung der Euthanasieanstalt Hartheim an das Konzentrationslager Mauthausen gab. Die Häftlinge, die dorthin überstellt wurden, wurden nach sehr kurzer

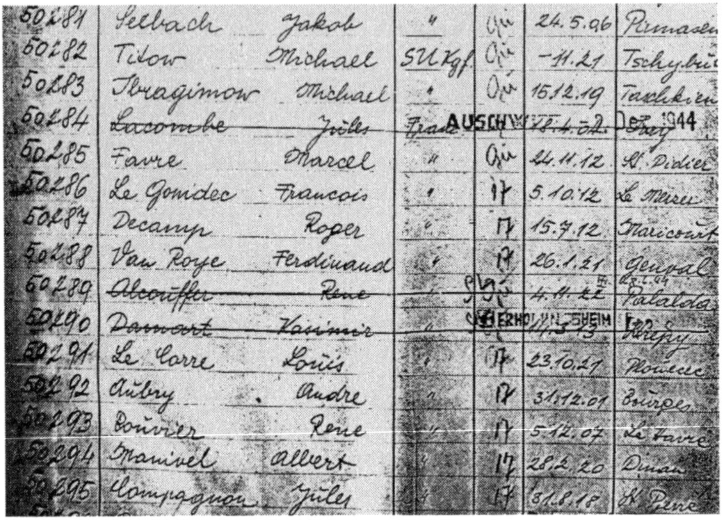

50281	Selbach	Jakob	"	[illegible]	24.5.96	Pirmasens
50282	Titow	Michael	SU Kgf.	[illegible]	-.11.21	[illegible]
50283	Ibragimow	Michael	"	[illegible]	15.12.19	[illegible]
50284	~~Lacombe~~	~~Jules~~	AUSCHWITZ		2. Dez. 1944	
50285	Favre	Marcel	"	[illegible]	24.11.12	St. Didier
50286	Le Gonidec	Francois	"	17	5.10.12	[illegible]
50287	Decamp	Roger	"	17	15.7.12	[illegible]
50288	Van Roye	Ferdinand	"	17	26.1.21	[illegible]
50289	~~Alcouffer~~	~~Rene~~		[illegible]	4.11.22	[illegible]
50290	~~Damart~~	~~Kasimir~~	ERHOLUNGSHEIM			[illegible]
50291	Le Corre	Louis		17	23.10.21	[illegible]
50292	Aubry	Andre		17	31.12.01	Bourges
50293	Bouvier	Rene		17	5.12.07	[illegible]
50294	Manivel	Albert		17	28.2.20	Dinan
50295	Compagnon	Jules		17	31.8.18	St. Pierre

Abbildung 6: Auszug aus dem Häftlingszugangsbuch.

Zeit als verstorben gemeldet. Es war also auch für andere SS-Männer kein Geheimnis, dass die Häftlinge dort wirklich vergast wurden.[36]

Es war Teil des umfassenden Aufgabenbereiches der Lagerschreibstube, die Karteikarten der überstellten Häftlinge zuerst entsprechend den internen Listen abzulegen. Diese Listen wurden von den dafür eingesetzten Häftlingen, wie Hans Maršálek und Juan de Diego verwaltet, deren Paraphen sich tatsächlich auf einigen dieser Listen wiederfinden. Später wurden die Todesfälle mit der Bemerkung „Erholungslager" in Teillisten von je maximal dreißig Namen in alphabetischer Reihenfolge aufgeteilt, um in die täglichen „Veränderungsmeldungen" von Mauthausen oder Gusen aufgenommen zu werden (vgl. Abbildung 8).

Es gab keinerlei Zusammenhang zwischen den Überstellungs- und den Sterbedaten: So wurden z.B. drei Ungarn, Leo Alberti, Benö Gal und Georg Maudy, die mit einem Transport am 6. Juli 1944 überstellt wurden, erst am 2., 4. und 6. November als verstorben eingetragen.[37]

Aus diesem Grund können die Namen der Hartheim-Toten, wenn sie nicht in den chronologisch geführten Totenbüchern verzeichnet wurden, in anderen Dokumenten aufscheinen. So zeigt z.B. die Darstellung einer Seite des Zugangsbuches von Mauthausen (Abbildung 6); dass der Tod des Franzosen Casimir Damart mit der Häftlingsnummer 50.290 durch

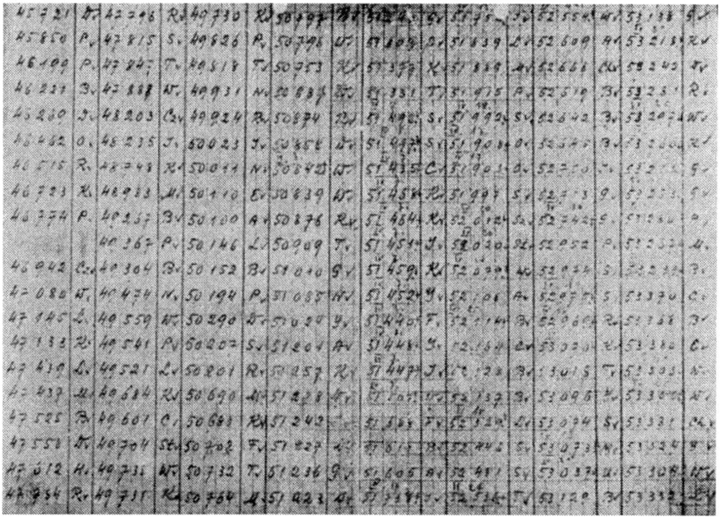

Abbildung 7: Blatt eines Verzeichnisses, das Hartheim zugeschrieben wird und dessen Kopie sich im Besitz des Archivs in Caen befindet. Den Häftlingsnummern folgt nur der Anfangsbuchstabe des Namens, wie z.B. die Nummern 47.815 (Joseph Sorbet) und 50.290 (Casimir Damart). Alle Nummern dieses Verzeichnisses stimmen mit Nummern der Deportierten überein, die als im „Erholungsheim" oder im „Erholungslager" verstorben dokumentiert worden sind (für den Häftling Damart vgl. Abbildung 6). Es handelt sich tatsächlich um die 1944 in Hartheim vergasten Häftlinge. Die Überprüfung sämtlicher Häftlingsnummern dieses Registers erfolgte mit Hilfe des Internationalen Suchdienstes in Arolsen.

ein Kreuz neben der Bemerkung „*Erholungsheim*", also in Wirklichkeit Hartheim, vermerkt ist.[38]

In der Tat findet man die Häftlingsnummer 50.290 unter dem Buchstaben D (Abbildung 7) auf einer Seite dieses geheimnisvollen Verzeichnisses wieder, das Hartheim zugeschrieben wird.[39] Dieses Verzeichnis ist besonders erschütternd, da es nur die Häftlingsnummern und die Anfangsbuchstaben der Familiennamen enthält. Es enthält 2.382 Nummern, die der Reihe nach geordnet sind und der Internationale Suchdienst in Arolsen hat seinerzeit bestätigt, dass alle Nummern zu in Hartheim getöteten Häftlingen gehören. Die Liste ist unvollständig, denn die Todesfälle einiger Tage fehlen. Darüber hinaus ist rätselhaft, wie sie angesichts ihrer Systematik zu einer Gesamtaufstellung der Opfer kommt, denn auf den „Veränderungsmeldungen" sind die Namen der Verstorbenen nur in alphabetischer Reihenfolge und auf Teillisten angeführt.

All das erlaubt es mit Sicherheit, eine Gesamtbilanz von 3.228 Opfern für die Vergasungen in Hartheim zu bestimmen, die zwischen 11. April 1944 und 8. Jänner 1945 als verstorben eingetragen wurden.[40] Darunter waren auch 394 Franzosen.[41]

Um zu zeigen, in welchem Ausmaß die Todesdaten gefälscht wurden, wird in Abbildung 8 eine Veränderungsmeldung vom 7. Jänner 1945 gezeigt.[42] Die Liste aus Gusen (Mauthausen/Unterkunft Gusen) erwähnt den Tod von 13 Häftlingen in Hartheim („Erholungslager"), obwohl die Gaskammer tatsächlich, wie wir noch sehen werden, ab 12. Dezember 1944 nicht mehr in Betrieb war. In der oben genannten Gesamtzahl sind auch jene 749 Häftlinge aus Gusen enthalten, die 1944 in Hartheim ermordet worden sind.[43]

Wir verfügen über zahlreiche Zeugenaussagen, darunter die einiger Busfahrer und SS-Begleitmannschaften. Der SS-Unterscharführer Alois Mallerschitz, der drei oder vier dieser Transporte begleitet hatte, erzählte:[44]

„[...] Wenn wir mit dem Bus in Hartheim ankamen, so fuhren wir vor dem Schloß in einen Bretterschuppen, der sich entlang des Gebäudes befand. Dieser Bretterschuppen war überdacht und war wohl deshalb vorhanden, um das Ausladen der Häftlinge vor der Außenwelt zu verbergen. Von dem Schuppen führte eine Tür in das Schloß. Bei diesem Eingang hat stets das Personal von Hartheim die Häftlinge übernommen und in das Innere des Schlosses geführt. [...]"

Auch der SS-Unterscharführer Herbert Fullgraf hat zehn bis dreizehn dieser Transporte begleitet. Die Häftlinge wurden im Sanitätslager in die Fahrzeuge geladen.[45]

Der SS-Unterscharführer Georg Blöser erklärte:[46]

„[...] Eines Tages erhielt ich dann Befehl, einen großen Mercedes-Autobus zu fahren. Dieser Wagen faßte ungefähr 46 Personen. Seine Fenster waren mit Farbe bestrichen, so das man nicht hinein und hinaus sehen konnte. In der Folgezeit habe ich manchmal dieses Fahrzeug in einer Woche ein- bis zweimal mit Häftlingen nach Hartheim gefahren [...] Hinter dem Tor des Schutzhaftlagers waren dann meistens auf einem freien Platz die Häftlinge angetreten. SS-Angehörige sonderten eine Gruppe dieser Häftlinge aus, die dann den Omnibus besteigen mußten.[...] Bei jedem Transport wurde das Fahrzeug voll beladen [...] Die Häftlinge waren in einem erbarmungswür-

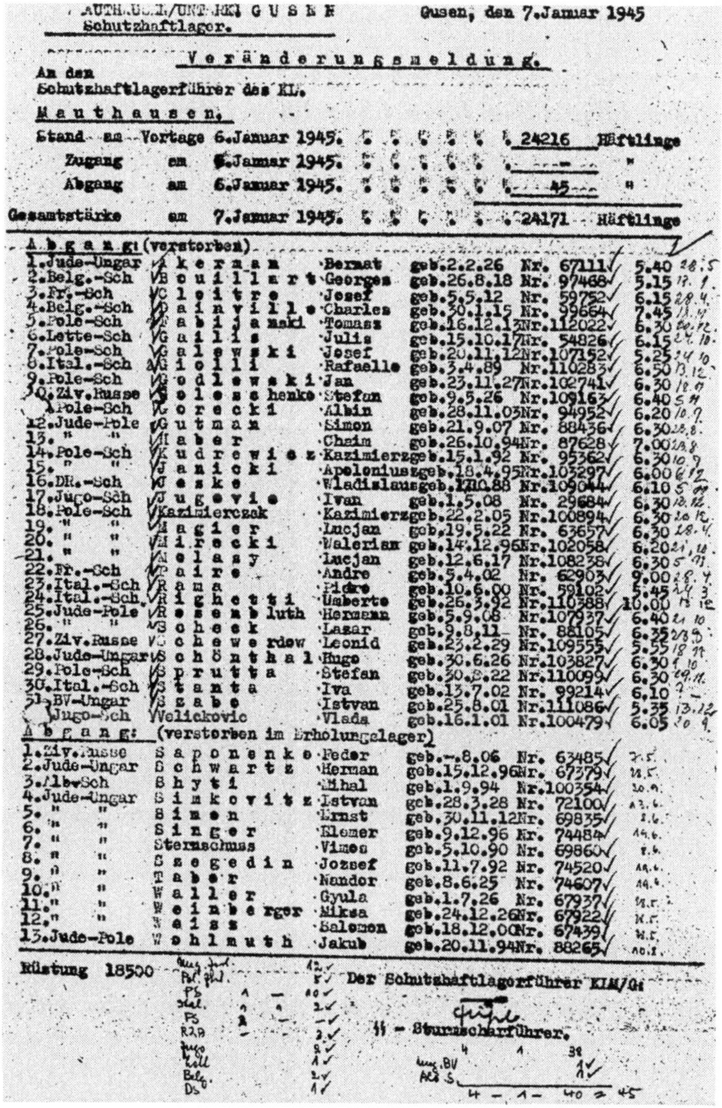

KL.MAUTHAUSEN/UNTERKL GUSEN Gusen, den 7.Januar 1945
Schutzhaftlager.

Veränderungsmeldung.

An den
Schutzhaftlagerführer des KL.
Mauthausen,

Stand am Vortage	6.Januar 1945.	. . . . .	24216	Häftlinge
Zugang	am 6.Januar 1945.	. . . . .	----	"
Abgang	am 6.Januar 1945.	. . . . .	45	"
Gesamtstärke	am 7.Januar 1945.	. . . . .	24171	Häftlinge

Abgang: (verstorben)

1.Jude-Ungar	Akerman	Bernat	geb.2.2.26	Nr. 67111	5.40
2.Belg.-Sch	Bouillart	Georges	geb.26.8.18	Nr. 97468	5.15
3.Fr.-Sch	Cleitre	Josef	geb.5.5.12	Nr. 59752	6.15
4.Belg.-Sch	Dainville	Charles	geb.30.1.15	Nr. 99664	7.45
5.Pole-Sch	Fabijanski	Tomasz	geb.16.12.13	Nr.112022	6.30
6.Lette-Sch	Gailis	Julis	geb.15.10.17	Nr. 54826	6.15
7.Pole-Sch	Galewski	Josef	geb.20.11.12	Nr.107152	5.25
8.Ital.-Sch	Giolli	Rafaelle	geb.3.4.89	Nr.110283	6.50
9.Pole-Sch	Godlewski	Jan	geb.23.11.27	Nr.102741	6.30
10.Ziv.Russe	Golessahenko	Stefan	geb.9.5.26	Nr.109163	6.40
11.Pole-Sch	Gorecki	Albin	geb.28.11.03	Nr. 94952	6.20
12.Jude-Pole	Gutman	Simon	geb.21.9.07	Nr. 88436	6.30
13. " "	Haber	Chaim	geb.26.10.94	Nr. 87628	7.00
14.Pole-Sch	Kudrewicz	Kazimierz	geb.15.1.92	Nr. 95362	6.30
15. " "	Janicki	Apolonius	geb.18.4.95	Nr.103297	6.00
16.DR.-Sch	Jeske	Wladislaus	geb.1.10.88	Nr.109044	6.10
17.Jugo-Sch	Jugovic	Ivan	geb.1.5.08	Nr. 29684	6.30
18.Pole-Sch	Kazimierczak	Kazimierz	geb.22.2.05	Nr.100894	6.30
19. " "	Magier	Lucjan	geb.19.5.22	Nr. 63657	6.30
20. " "	Mirecki	Walerian	geb.14.12.96	Nr.102058	6.20
21. " "	Nelasy	Lucjan	geb.12.6.17	Nr.108238	6.30
22.Fr.-Sch	Paire	Andre	geb.5.4.02	Nr. 62903	9.00
23.Ital.-Sch	Rama	Pietro	geb.10.6.00	Nr. 59102	5.45
24.Ital.-Sch	Righetti	Umberto	geb.26.3.92	Nr.110388	10.00
25.Jude-Pole	Rosenbluth	Hermann	geb.5.9.08	Nr.107937	6.40
26. " "	Scheck	Lazar	geb.9.8.11	Nr. 88105	6.35
27.Ziv.Russe	Schewerdow	Leonid	geb.23.2.29	Nr.109555	5.55
28.Jude-Ungar	Schönthal	Hugo	geb.30.6.26	Nr.103827	6.30
29.Pole-Sch	Sprutta	Stefan	geb.30.8.22	Nr.110099	6.30
30.Ital.-Sch	Stanta	Iva	geb.13.7.02	Nr. 99214	6.10
31.BV-Ungar	Szabo	Istvan	geb.25.8.01	Nr.111086	5.35
Jugo-Sch	Welickovic	Vlada	geb.16.1.01	Nr.100479	6.05

Abgang: (verstorben im Erholungslager)

1.Ziv.Russe	Saponenko	Feder	geb.-.8.06	Nr. 63485
2.Jude-Ungar	Schwartz	Herman	geb.15.12.96	Nr. 67379
3.Alb-Sch	Shyti	Mihal	geb.1.9.94	Nr.100354
4.Jude-Ungar	Simkovitz	Istvan	geb.28.3.28	Nr. 72100
5. " "	Simon	Ernst	geb.30.11.12	Nr. 69835
6. " "	Singer	Elemer	geb.9.12.96	Nr. 74484
7. " "	Sternschuss	Vimos	geb.5.10.90	Nr. 69860
8. " "	Szegedin	Jozsef	geb.11.7.92	Nr. 74520
9. " "	Taber	Nandor	geb.8.6.25	Nr. 74607
10. " "	Waller	Gyula	geb.1.7.26	Nr. 67937
11. " "	Weinberger	Miksa	geb.24.12.26	Nr. 67922
12. " "	Weiss	Salomon	geb.18.12.00	Nr. 67439
13.Jude-Pole	Wohlmuth	Jakub	geb.20.11.94	Nr. 88265

Rüstung 18500

Der Schutzhaftlagerführer KLM/Gu

SS-Sturmscharführer.

Abbildung 8: Veränderungsmeldung vom 7. Jänner 1945

digen Zustand [...] Bei der Ankunft in Hartheim fuhren wir zunächst durch ein großes Holztor in einen Bretterverschlag. Hier mußten die Häftlinge aussteigen und wurden von Personal aus Hartheim übernommen. [...] Nach Entladen des Busses fuhr ich aus dem Verschlag heraus und wartete vor dem Schloß. Verschiedentlich ging ich aber auch in einen kleinen Aufenthaltsraum, wo ich eine Tasse Kaffee serviert bekam. [...]"

Blöser hatte auch mehrere Transporte von Gusen nach Hartheim durchgeführt.[47]

Der SS-Unterscharführer Emil Gerbig fuhr in einem alten Mercedes-Diesel Postautobus fünf- oder sechsmal Häftlinge aus dem Sanitätslager nach Hartheim. Für den Transport wurde oft noch ein zusätzlicher Bus verwendet. Gerbig fuhr am 12. Dezember 1944 jene Gruppe von 20 Häftlingen nach Hartheim, deren Aufgabe es war, dort die Vergasungseinrichtungen zu zerstören. Davon soll später noch die Rede sein.[48]

3.2.1.1 „... habe auch ich einen Blick durch das Guckloch geworfen ..."

Die wichtigste Zeugenaussage ist die des Kommandoführers des Gusener Krematoriums, SS-Oberscharführer Karl Wassner, obwohl er nur ein einziges Mal einen Häftlingstransport nach Hartheim begleitet hat. Meines Wissens nach dürfte das die einzige Zeugenaussage eines SS-Mannes sein, der einen 14 f 13 Transport vom Konzentrationslager bis zur Gaskammer einer Euthanasieanstalt begleitet hat. Wassner gab an, dass, noch bevor er in das Auto am Appellplatz von Gusen eingestiegen war, bereits fünfzehn bis zwanzig Häftlinge hinein verfrachtet worden waren und erzählte weiter:[49]

„[...] Dabei überbrachte mir Killermann [Rapportführer] den Befehl, den Transport zu begleiten [...] In dem Fahrzeug befanden sich bereits die wegzubringenden Häftlinge. Es handelte sich um eine Art Arrestantenwagen und ich hatte auf einem Notsitz zwischen Führerhaus und der eigentlichen Zelle Platz zu nehmen. [...] Ich vermute, daß die Häftlinge genau über ihr Schicksal Bescheid wußten. Das nehme ich aus folgendem Grunde an: Während der Fahrt nach Hartheim ersuchte mich ein Häftling durch das vergitterte Zellenfenster, ich möge ihm für seine Zigarette Feuer geben. Da dieses meinen Vorschriften widersprochen hätte, habe ich gezögert. Der Häftling, der mein Zögern bemerkte, sagte sinngemäß zu mir, es sei ohnehin die letzte Zigarette, worauf ich ihm Feuer gab.

Zum Eintreffen im Schloß Hartheim [...] [haben] wir die Häftlinge in einen Raum geführt [...]. Dort hat ein Zivilist, der in Schloß Hartheim beschäftigt war [...], den Häftlingen [befohlen] [...] sich ganz zu entkleiden und die Kleidung vor sich abzulegen. Er ermahnte noch die Häftlinge, sich genau zu merken, wo sie ihre Kleidung abgelegt hätten, damit sie diese nach dem Bad wieder auffänden. Anschließend befahl er den Häftlingen, den nebenan liegenden Raum zu betreten. Ich erinnere mich, daß die Eingangstür zu diesem Raum ziemlich dick war und von außen mit einer Hebelvorrichtung, ähnlich wie bei einer Kühlanlage, zu verschließen war. Ferner ist mir noch in Erinnerung, daß ein Häftling bei den abgelegten Kleidern zurück blieb und dort seine Brille suchte. Der Zivilist sagte sinngemäß zu ihm, beim Petrus brauchte er keine Brille mehr. Als nun alle Häftlinge in dem Raum verschwunden waren, blieben ich, der zweite Begleiter und der Kraftfahrer noch in dem Vorraum [...], [die] ungefähr nach drei Minuten zu der vorher beschriebenen Tür gingen und dort durch ein an der Tür angebrachtes Guckloch in den Raum, in welchen die Häftlinge gebracht wurden, hineinsahen. Als die beiden dann von der Tür weggingen, habe auch ich einen Blick durch das Guckloch geworfen. Ich konnte sehen, daß die Häftlinge bereits am Boden lagen [...], [da] die Gaskammer innen beleuchtet war. Mir fiel auf, daß wesentlich mehr Menschen in der Gaskammer waren, als wir von Gusen nach Hartheim gebracht hatten. Ich konnte auch erkennen, daß sich Frauen unter den Vergasten befanden. Bei einigen konnte man noch Lebenszeichen erkennen [...].“*

Andere Transporte aus Gusen wurden mit Loren des Typs Decauville auf der Bahntrasse bis zum Fuß des Steinbruchs von Mauthausen durchgeführt, wo bereits Autobusse auf sie warteten. Ich erinnere mich an die Abfahrt einiger unserer unglücklichen Kameraden während des Sommers 1944, unter anderem an den Abtransport von Joseph Sorbet, der zusammen mit mir in Mauthausen angekommen war und auch mein Blockkamerad in Gusen gewesen war, eingetragen als verstorben am 14. September 1944 in Hartheim. Andere gingen auch einfach zu Fuß weg.

* Es handelte sich dabei wahrscheinlich um Frauen aus Ravensbrück, die Germaine Tillion als die „schwarzen Transporte“ bezeichnet, die in ein „Krankenhaus in Linz“ (Hartheim) gebracht wurden. Sie erwähnt besonders den Transport von November 1944 (KOGON (1983): S.71 und TILLION (1997): S.494). Man weiß außerdem, dass die Kleider der Frauen im Dezember 1944 bei der Demontage der Tötungseinrichtungen in Hartheim gefunden wurden.

Heben wir unter den Häftlingsaussagen die von Vratislav Busek, Krankenlagerschreiber[50], besonders hervor, der von der Existenz

„[...] eines oder zweier großer blauer Postautobusse mit ebenfalls blau gestrichenen Fenstern [sprach] In jeden Bus wurden 40 Personen geladen [...] und dann mitgenommen [...]. Man sagte uns, daß sie in ein Erholungslager fahren würden. Nach und nach erfuhren wir, was dahinter steckte [...]. Meine Kameraden aus der Garage schätzten aufgrund des verbrauchten Treibstoffes, daß die Fahrstrecke ungefähr 30km betrug. Am Tag ihrer Abfahrt noch wurden ihre Kleidung und ihre Prothesen zurückgebracht. Also waren wir überzeugt, daß es sich um eine Tötung handelte [...].“

Busek weist darauf hin, dass ihm der Name Hartheim nur wenig später bekannt wurde und dass dort die von Dr. Entress selektierten Häftlinge vergast wurden. Als Schreiber im Sanitätslager wurde er Zeuge dieser Selektionen.

Der Betrieb in Hartheim wurde am 12. Dezember 1944 aufgrund eines von SS-Oberführer Viktor Brack unterzeichneten Befehls aus der „Kanzlei des Führers“ eingestellt. Dem Kommandanten von Mauthausen wurde vorgeschrieben, unverzüglich die technischen Einrichtungen abzumontieren und den ursprünglichen Zustand des Objekts wiederherzustellen.[51] Ein Dokument vom 30. Dezember 1944 beschreibt[52], dass diese Demontage von einem zu diesem Zweck aus Mauthausen überstellten Arbeitskommando durchgeführt wurde (die Überstellungsliste blieb erhalten[53]). Im übrigen gibt es von Adam Golembski, Nr. 31.755, der Mitglied dieses Arbeitskommandos war, einen Bericht darüber, was er von den Einrichtungen in Hartheim während der Arbeiten gesehen hatte. Diesen Bericht drucken wir als Ganzes ab:[45]

3.2.1.2 „Das Geheimnis des Schlosses Hartheim“

„Am 13. Dezember 1944 fuhren wir mit einem Kraftwagen in Stärke von 20 Häftlingen nach dem Schloß Hartheim, 27 km westlich von Linz. Dort fuhren wir in einen Schuppen aus Brettern, welcher von außen mit Dachpappe beschlagen war, fest verschlossen werden konnte und keine Fenster besaß. Aus diesem Schuppen ging es direkt in den Schloßflur und von hier auf den Hof. Das erste, was ins Auge fiel war ein Fabrikschornstein von 26 m Höhe. Von außen war dieser Schornstein nicht zu sehen, weil ihn die drei Stock hohen Schloßmauern verdeckten. Auf dem Parterre rechts waren die Küche und Speisekammer. Links waren die Öfen der Zentralheizung, weiter eine Tischlerwerkstätte, ein Lager mit Alkoholgetränken, ein Kühlraum und

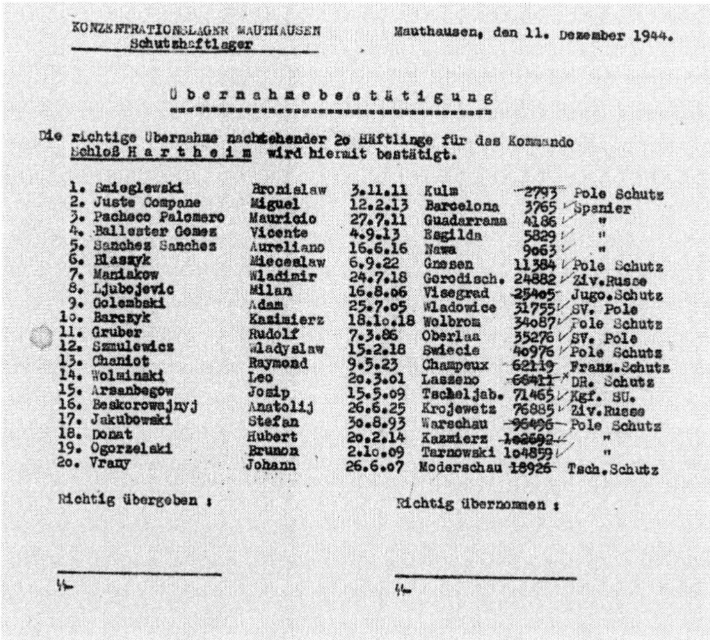

KONZENTRATIONSLAGER MAUTHAUSEN
Schutzhaftlager

Mauthausen, den 11. Dezember 1944.

Übernahmebestätigung

Die richtige Übernahme nachstehender 2o Häftlinge für das Kommando Schloß H a r t h e i m wird hiermit bestätigt.

1.	Smieglewski	Bronislaw	3.11.11	Kulm	2793	Pole Schutz
2.	Juste Compane	Miguel	12.2.13	Barcelona	3765	Spanier
3.	Pacheco Palomero	Mauricio	27.7.11	Guadarrama	4186	"
4.	Ballester Gomez	Vicente	4.9.13	Bagilda	5829	"
5.	Sanchez Sanchez	Aureliano	16.6.16	Nawa	9063	"
6.	Blaszyk	Mieceslaw	6.9.22	Gnesen	11384	Pole Schutz
7.	Maniakow	Wladimir	24.7.18	Gorodisch.	24882	Ziv.Russe
8.	Ljubojevic	Milan	16.8.o6	Visegrad	25405	Jugo.Schutz
9.	Golembski	Adam	25.7.o5	Wladowice	31755	SV. Pole
1o.	Barczyk	Kasimierz	18.1o.18	Wolbrom	34o87	Pole Schutz
11.	Gruber	Rudolf	7.3.86	Oberlaa	35276	SV. Pole
12.	Szmulewicz	Wladyslaw	15.2.18	Swiecie	4o976	Pole Schutz
13.	Chaniot	Raymond	9.5.23	Champeux	62119	Franz.Schutz
14.	Wolminski	Leo	2o.3.o1	Lasseno	66411	DR. Schutz
15.	Arsanbegow	Josip	15.5.o9	Tscheljab.	71465	Kgf. SU.
16.	Beskorowajnyj	Anatolij	26.6.25	Krojewetz	76885	Ziv.Russe
17.	Jakubowski	Stefan	3o.8.93	Warschau	96496	Pole Schutz
18.	Donat	Hubert	2o.2.14	Kazmierz	1o2692	"
19.	Ogorzelski	Brunon	2.1o.o9	Tarnowski	1o4859	"
2o.	Vrany	Johann	26.6.o7	Moderschau	18926	Tsch.Schutz

Richtig übergeben :

Richtig übernommen :

Abbildung 9: Transportliste des Demontagekommandos vom 11. 12. 1944

ein Zimmer, wo wir uns eingerichtet haben. Aus diesem Zimmer führte eine Tür zum Schloßturm, wo ein Fotoatelier eingerichtet war. Aus diesem Zimmerchen führte eine Tür in einen anderen Raum, welcher den Eindruck eines kleinen Baderaumes machte. Der Eingang war sehr klein, die Tür aus Eisen mit Gummi verdichtet, der Verschluß von massiven Hebelriegeln, in der Tür ein kleiner runder Ausguck. Die Wände dieses Raumes waren bis zur Hälfte mit Fliesen ausgelegt, es waren sechs Brausen. Aus diesem Raum führte eine ähnliche Tür in ein kleines Zimmer, wo sich die Apparatur zum Vergasen befand, Gasflaschen und verschiedene Gasmesser (Uhren). Aus dieser Gaskammer führte eine Tür in einen größeren Raum, dessen Wände bis zur Hälfte mit Fliesen ausgelegt waren. Hier stand ein Tisch und wir fanden ein Protokoll von einer Leichenuntersuchung. Aus diesem Raum führte eine Tür zum Krematorium. Dieses hatte zwei Öfen. Links von Eingang fanden wir einen Haufen Asche mit Teilen von Menschenknochen in einer Menge von ca. 60*

* Die eigentliche Gaskammer.

unserer hiesigen Müllkübel. Dort war auch eine elektrische Knochenmühle, worauf die nach dem Verbrennen der Leichen im Krematorium verbliebenen Überreste der menschlichen Knochen gemahlen wurden. In der Schloßgarage fanden wir Kinderkleider, Frauenkleider und Männerkleider in einer Menge von vier einspännigen Wagen. Im Garten in einem Loch mit Schlacke fanden wir eine Menge Blechnummern von Häftlingen des KL Mauthausen sowie Überreste menschlicher Knochen. Im 1. Stock befanden sich die Wohnungen der SS. Der Kommandant war ein SS-Arzt im Grade eines Obersturmführers, der Meister vom Krematorium war ein SS-Unterscharführer – leider ist mir sein Name nicht bekannt, alle waren in Zivil gekleidet. Ein Saal besaß große Reflektorlampen, viele Betten, auf einigen waren noch Blutspuren. Dieser Saal diente wahrscheinlich geheimnisvollen medizinischen Versuchen. Als ich einen Koffer mit chirurgischen Instrumenten zu einem in der Nähe wohnenden Bauern gebracht habe, bemerkte ich ein Etikett an diesem Koffer mit den Namen Dr. Benno [Renno] Wir haben den Schornstein auseinandergenommen, einen Teil der Schlacke haben wir unter die Bäume im Wirtschaftshof gefahren. Im Baderaum haben wir die Fliesen von den Wänden entfernt und alle Werkzeuge, welche zum Morden bestimmt waren. Unsere Arbeit dauerte 8 Tage. Die Maurer haben die Räume zum ehemaligen Stand gebracht, die Wände verputzt. Nach der Aussage des U-scha [Unterscharführer] hat diese Instanz im Laufe von vier Jahren gearbeitet. Einen Teil der Möbel hat man nach Mauthausen gebracht, einen anderen Teil nach einem Jagdschloß – Eigentum des Fürsten Starhemberg in Wiesenbach am Ata-See [Attersee], ungefähr 130 km von Hartheim entfernt.*

Das zweite Mal fuhren wir nach dort am 2. Januar 1945 für 10 Tage und arbeiteten weiter daran, diesem Schloß das ehemalige Aussehen wiederzugeben. Wir haben also eine Tür vermauert, eine andere in die Wand geschlagen, usw. Nun hat man hier ein Kinderheim eingerichtet. Gegen Ende unseres Verweilens hat man hierher 35 Kinder, 6 Schwestern und 1 Lehrerin gebracht, Platz war hier für 400 Kinder.

Wir befürchteten, daß die SS uns liquidieren werden, das heißt ermorden, um das Geheimnis zu wahren, desto mehr, da sie uns verboten haben darüber zu sprechen, was wir gesehen und gemacht haben.

Außer mir gebe ich noch folgende Zeugen an: Ogorzelski [Brunon, Nr.104.859], Smulewicz Wladyslaw [Nr.40.976], Smiglewski Brunon

* Man kennt die Benutzung solcher Knochenmühlen in Maïdanek und Chelmno, wie im Eichmann Prozess erwähnt.

[Nr.2.793], alles ehemalige Häftlinge des K.L.M., welche zusammen mit mir, wie oben angegeben gearbeitet haben.

(–) Golebski [Golembski] Adam"

Andere Mitglieder dieses Kommandos leben heute in Frankreich, wie z.B. Mauricio Pacheco.[55] Er erzählte mir, dass er zusammen mit Miguel Justo die auf den Arkadenhof führende Tür der Gaskammer zugemauert hatte. Letzterer hatte, um die durchgeführten Veränderungen einmal beweisen zu können, eine Flasche mit einem Zettel, darauf sein Name und das Datum 18. Dezember 1944, im Gemäuer versteckt. Diese Flasche wurde 1968 anlässlich der Errichtung der Gedenkstätte gefunden.[56] Das führte zum neuerlichen Durchbruch der Tür, die vom heutigen Museum in die ehemalige Gaskammer führt.

Mit dem Bekanntwerden der Entscheidung, die Morde in der Gaskammer zu beenden, dachte die T.4 Abteilung „Einkauf" unverzüglich daran, den Kaufpreis für die 53 leeren CO-Flaschen zurückzufordern, die an die IG Farben gesandt worden waren. Zwei Briefe vom 9. und 11. Dezember beweisen, dass es die „Aktion des Feindes" nicht erlaubte, die gesamte Bestellung von 60 Gasflaschen zu retournieren.[57]

Der Betrieb des Schlosses Hartheim zog natürlich die Aufmerksamkeit der Einwohner von Alkoven, wo Schloss Hartheim liegt, auf sich. Tatsächlich konnten trotz aller Geheimhaltung zahlreiche Tatsachen nicht ausreichend verborgen werden, wie das Kommen und Gehen der Autobusse, der schwarze Rauch, der nach deren Ankunft gegen den Himmel stieg und der charakteristische Gestank. Am Ufer der Donau wurden Verbrennungsrückstände manchmal mit deutlich erkennbaren Knochenresten angeschwemmt. All das beunruhigte und erschreckte die Einwohner, aber waren das schon Beweise? Darüber wird in den vielen Zeugenaussagen im Werk von Gordon Horwitz, das dem Verhalten der Bevölkerung der Umgebung von Mauthausen und Hartheim gewidmet ist, Rechenschaft abgelegt. Besonders deutlich wird das in den Unterhaltungen, die er 1983 mit Karl S. führte, der als junger Bursche in direkter Nachbarschaft zum Eingangstor des Schlosses gewohnt und die von ihm beobachteten Geschehnisse genau im Gedächtnis behalten hatte.[58]

3.3 Anzahl der in Hartheim vergasten Opfer

Die in der folgenden Tabelle angegebene Zahl von 4.841 Opfern aus Mauthausen und Gusen ist nur eine Annäherung an die Schätzung des „Leichenverbrenners" Vinzenz Nohel, der von 6.000 bis 8.000 in Hartheim vergasten Häftlingen gesprochen hatte.[59]

	Mauthausen	Gusen	Mauthausen und Gusen	Dachau	Gesamt
1941	234	934	1.168	-	1.168
1942	247	198	445	3.075	3.520
1944	2.479	749	3.228	150	3.378
Gesamt	2.960	1.881	4.841	3.225	**8.066**

Die in dieser Studie erhobene Opfergesamtzahl der Aktion 14 f 13 von 8.066 liegt auf jeden Fall unter der tatsächlichen. Man müsste dazu noch die Opfer aus Ravensbrück* und wahrscheinlich auch aus anderen Lagern hinzuzählen, für die Indizien vorliegen. So wurde am 19. Mai 1942 ein Transport von 1.000 sowjetischen, angeblich „invaliden" Kriegsgefangenen vom Konzentrationslager Buchenwald nach Mauthausen angekündigt. Er kam aber nie in Mauthausen an und es gibt dort auch keine Spur von ihm. Höchstwahrscheinlich war sein tatsächliches Ziel Hartheim.[60] Darüber hinaus erwähnte Ziereis, der zu Hartheim viele Hinweise lieferte (siehe Studie 2, Anhang 5.4), in seiner Aussage die Anwesenheit einer Berliner Kommission (T.4) nicht nur für Mauthausen und Dachau, sondern auch für Buchenwald unter dem Vorsitz von Dr. Lonauer.[61]

Wenn man sich auf eine bloße Addition der T.4 Opfer bis zum 1. September 1941 mit der oben ermittelten Zahl der 14 f 13 Opfer aus Mauthausen, Gusen und Dachau beschränkt, erhält man die Gesamtzahl von 26.335 Vergasten für das Schloss Hartheim.

Vinzenz Nohel spricht jedoch im Zusammenhang mit geistig Behinderten von 20.000 Opfern, eine Zahl, die der offiziellen von 18.269 sehr nahe kommt. Seine Schätzung der Gesamtopferzahl von 30.000 in Hart-

* Vgl. die Fußnote am Ende der Aussage des SS-Oberscharführers Karl Wassner (3.2.1.1).

heim Vergasten kann aufrecht erhalten werden, wenn man bedenkt, dass Gesamtschätzungen über die „wilde Euthanasie“ und die Ostarbeiter fehlen. Die Zahl der Opfer aus Kaufbeuren und Mauer-Öhling (1.221) ist bereits erwähnt worden (siehe 2.1).

Diese Gesamtschätzung muss jedenfalls als Minimum betrachtet werden.

Für eine genaue Dokumentation sollte erwähnt werden, dass man die Gesamtzahl der Häftlinge aus allen Konzentrationslagern (einschließlich Auschwitz für den Juli 1941), die in den verschiedenen „Euthanasieanstalten“ Opfer der Aktion 14 f 13 geworden sind, auf 20.000 schätzt.[62] Diese Zahl enthält auch jene 575 Häftlinge aus Auschwitz, die am 28. Juli 1941[63] in Sonnenstein vergast wurden, sowie jene 2.000 Häftlinge sowohl aus dem Frauen- wie auch aus dem Männerlager Ravensbrück, die 1941 und 1942 in Bernburg ermordet wurden.[64] Dazu kommen noch 1.284 Häftlinge aus Buchenwald (1941 und 1942 in Sonnenstein), mindestens 400 Buchenwaldhäftlinge (im März 1942 in Bernburg)[65], sowie 214 Häftlinge aus Groß-Rosen (24. und 26. März 1942 in Bernburg), die vergast wurden. Diese Zahlen entspringen nur einigen Auszügen aus Dokumenten und Briefen und dürften in Wahrheit viel höher sein. Das wird auch deutlich, wenn man z.B. Bernburg heranzieht, das im März 1942 an Groß-Rosen schrieb, dass wegen zu vieler Transporte eine Aufnahmesperre verfügt wurde.[66]

4 ABBILDUNGEN

Quellennachweis:

AMM Archiv Museum Mauthausen, Wien.
ZSL Zentrale Stelle der Landesjustizverwaltungen, Ludwigsburg.
ADM Amicale de Mauthausen, Paris.
ADF Archives de France, Paris und Caen.
ISD Internationaler Suchdienst, Arolsen.

Abbildung 1 Schloss Hartheim (AMM) **34**
Abbildung 2 Plan des Erdgeschosses von Schloss Hartheim (ZSL) **35**
Abbildung 3 Telegramm der Amtsgruppe D mit dem Code „14 f 13“ (ADM) **55**
Abbildung 4 Transportliste in das „KL Dachau Häftlingssanatorium“, 10. Dezember 1941 (ADM) **58**
Abbildung 5 Todfallsaufnahme ausgestellt vom Amtsgericht Mauthausen (ISD) **61**
Abbildung 6 Auszug aus dem Häftlingszugangsbuch (ADF). **68**
Abbildung 7 Blatt eines Verzeichnisses, das Hartheim zugeschrieben wird (ADF). **69**
Abbildung 8 Veränderungsmeldung vom 7. Jänner 1945 (ADM) **71**
Abbildung 9 Transportliste des Demontagekommandos vom 11.12.1944 (AMM) **75**

5 ARCHIVE

ADF Archives de France, Paris.
ADM Amicale des déportés de Mauthausen, 31, bd Saint-Germain, 75005 Paris.
AMD Archiv und Museum Dachau.
AMM Archiv Museum Mauthausen, Bundesministerium für Inneres, Wien.
CDJC Centre de documentation juive contemporaine, Paris.
DÖW Dokumentationsarchiv des Österreichischen Widerstandes, Wien.
IMT Nürnberger Hauptkriegsverbrecherprozess, französische Ausgabe.
IZM Institut für Zeitgeschichte, München.
MAC (ADF) Ministère des Anciens Combattants, Paris und Caen.
NA The US National Archives, College Park, Maryland.
PMO Panstwowy Museum w Oswiecimiu, Staatliches Museum Auschwitz.
ISD Internationaler Suchdienst, Arolsen.
WL Wiener Library, London.
YV Yad Vashem, Jerusalem.
ZSL Zentrale Stelle der Landesjustizverwaltungen, Ludwigsburg.

6 QUELLENNACHWEIS

6.1 gedruckte Werke

CHOUMOFF, Pierre Serge: Les Chambres à gaz de Mauthausen, Paris 1972.

COMMISSION DES CRIMES DE GUERRE ALLEMANDS EN POLOGNE: Crimes allemands en Pologne, Paris o.J.

DOBOSIEWICZ, Stanislaw: Mauthausen/Gusen, Warschau 1977.

DOKUMENTATIONSARCHIV DES ÖSTERREICHISCHEN WIDERSTANDES (DÖW): Widerstand und Verfolgung in Oberösterreich 1934–1945, Band 2, Wien 1982.

DOKUMENTATIONSARCHIV DES ÖSTERREICHISCHEN WIDERSTANDES (DÖW): Widerstand und Verfolgung in Tirol 1934–1945, Band 1, Wien 1984.

DÖRNER, Klaus: in: Vierteljahreshefte für Zeitgeschichte, Aprilheft, München 1967, S.144ff.

FRIEDLANDER, Henry: The origins of Nazi Genocide, London, 1995.

GRUCHMANN, Lothar: in: Vierteljahreshefte für Zeitgeschichte, Juliheft, München 1972, S.278ff.

HIEMSTRA-TIMMENGA, A.: Geschiedwerk, n° 97, Rijksinstituut voor Oorlogs-dokumentatie, Amsterdam 1959.

HOFFMANN, Bedrich: „A kdo was zabije…“, II Vid. spolecenske Podniky, Prerov 1946.

HORWITZ, Gordon: Mauthausen ville d'Autriche, Paris 1992.

KAUL, Friedrich Karl: Die Psychiatrie im Strudel der Euthanasie, Ffm. 1979.

KLEE, Ernst: Dokumente zur Euthanasie, Ffm. 1997.

KLEE, Ernst: Euthanasie im NS-Staat, Ffm. 1983.

KOGON, Eugen, LANGBEIN, Hermann, RÜCKERL, Adalbert et al. (darunter Choumoff): Les Chambres à gaz, secret d'État, Paris 1987. Dt. Ausgabe: Nationalsozialistische Massentötungen durch Giftgas, 1983.

MARŠÁLEK, Hans: Die Geschichte des Konzentrationslagers Mauthausen, Wien 1980.

NEUGEBAUER, Wolfgang: „Zur Psychiatrie in Österreich 1938–1945, Euthanasie und Sterilisierung“, in: Justiz und Zeitgeschichte Symposium 1982, Wien 1983.

PAPPALETTERA, Vincenzo und Luigi: La Parola Agli Aguzzini, Mailand 1970.
RÜCKERL, Adalbert: „NS-Vernichtungslager", o.O. 1979.
SERENY, Gitta, Au fond des ténèbres, Paris 1975.
TERNON, Yves und HELMAN, Socrate: Le Massacre des aliénés, Casterman 1971.
TILLION, Germaine: Ravensbrück, Paris 1997.
VITRY, Stéphanie: Les Morts de Gusen, maîtrise d'histoire, Paris 1994.
ZEHETHOFER, F.: Die Vernichtung lebensunwerten Lebens in Schloß Hartheim 1938–1945, Hausarbeit, Linz 1974.

6.2 Archivdokumente

ADF/MAC (Caen) MA 7/9.
ADF/MAC (Caen) MA 27.

ADM Institut Hartheim für schwerbehinderte Kinder, Alkoven, Brief des Leiters Erber, 30. November 1978.
ADM Liste des Français gazés à Hartheim.
AMD Katalog, französische Ausgabe, 1979, S.166, 168 und 169.
AMD Nr.1.028, 6.178, 8.998, 8.996.
AMD Nr.7.632.
AMD Nr.16.193.

AMM B 15/6 und B 15/7 (Originale in Auschwitz).
AMM B 15/8.
AMM B 15/14
AMM B 15/17.
AMM B 15/19.
AMM B 15/41.
AMM E 13/2.
AMM B 12/14/2.

DÖW 11.440.

NA case n° 000–50–5, RG 338; box 337, Prelim. and First Detailed Intern. Report.
Ibid., S.1134.
Ibid, box 342, Exhibit 84 A, S.2230.

Ibid., box 342, S.422ff.
Ibid., box 349, Sworn Statement.

ISD: Vorläufiges Verzeichnis der KL unter dem Reichsführer SS, Arolsen, 1969.

6.3 Nürnberger Prozessakten

IMT War Crimes Trials, vol. IV, The Hadamar Trial, S.XXIV.
IMT 2176 (213), PS.
IMT D 626 (USA, Ex. 810), NA, case n° 000–50–5, RG 238.

6.4 Gerichtsakten

ZSL, IS 18/21 (GSTA).
ZSL, 439 AR–Z 18a/60 (SK, Zst II/18–23/60).
ZSL, 439 AR–Z 69/74, BI 5 und 8.
ZSL, 439 AR–Z 340/59 (KS 1/69 GSTA), Sammelakte, n° 435, Urteil.
ZSL, 439 AR–Z 340/59 (KS 2/66 GSTA), Sammelakte, n° 426, Bd. I, Urteil.
ZSL, Ibid., Bd V.
ZSL, 14419, AR 146/69 (24 Js 1/69 [Z]).
ZSL, VI, 439, AR 1108/67 (Js 5/65), Schwurgerichtsanklage.
ZSL, VI, 439, AR 1108/67 (Vg 11, Vr 2407/46).

7 ANMERKUNGEN

1 Die Vergasung von kranken Deutschen in Hartheim

1 KOGON (1983): S.25.
2 KOGON (1983): S.28.
3 KOGON (1983): S.33.
4 DÖRNER (1967): S.144ff.
5 KOGON (1983): S.38.
6 ZSL 439 AR-Z 69/74, BI 5 und 8.
7 KLEE (1997): S.75 und KOGON (1983): S.56.
8 KOGON (1983): S.58.
9 KLEE (1983): S.110.
10 KOGON (1983): S.43.
11 ZSL VI, 439, AR 1108/67 (Vg 11, Vr 2407/46): S.108ff und 206ff.
12 DÖW (1982): S.531.
13 ZSL VI, 439, AR 1108/67 (Vg 11, Vr 2407/46): S.216/217.
14 NA case n° 000-50-5, RG 338; box 349, Sworn Statement, S.2230.
15 FRIEDLANDER (1995): S.72 und 194.
16 ZSL VI, 439, AR 1108/67 (Js 5/65), Schwurgerichtsanklage; S.65.
17 DÖW (1982): S.525.
18 DÖW (1982): S.519.
19 DÖW (1982): S.520.
20 ZSL 439 AR-Z 18a/60 (SK, Zst II/18-23/60).
21 AMD (1979): Katalog, S.166.
22 ZSL VI, 439, AR 1108/67 (Vg 11, Vr 2407/46), S.306/307.
23 KLEE (1997): S.201.
24 TERNON (1971): S.108.
25 GRUCHMANN (1972): S.278.
26 KLEE (1997): S.154.
27 KOGON (1983): S.49.
28 TERNON (1971): S.78.
29 KOGON (1983): S.50.
30 TERNON (1971): S.247.
31 GRUCHMANN (1972): S.278.
32 KAUL (1979): S.169ff.
33 COMMISSION DES CRIMES …: S.218.
34 KLEE (1997): S.233.

35 KLEE (1983): S.478 und ZSL 439 AR-Z 340/59 (KS 1/69 GSTA), Sammelakte, n° 435, Urteil: S.44 und S.118.
36 KOGON (1983): S.55.

2 Die Fortsetzung der Aktionen

1 KOGON (1983): S.135.
2 KOGON (1983): S.54.
3 SERENY (1975): S.116.
4 KOGON (1983): S.53.
5 ZSL VI, 439, AR 1108/67 (Js 5/65), Schwurgerichtsanklage, S.55ff.
6 KLEE (1997): S.14.
7 KLEE (1997): S.305.
8 KLEE (1983): S.365ff.
9 ZSL VI, 439, AR 1108/67 (Vg 11, Vr 2407/46), S.298.
10 DÖW (1984): S.483ff und DÖW 11.440.
11 KLEE (1983): S.298.
12 KLEE (1983): S.302.
13 KLEE (1983): S.353.
14 War Crimes Trials, vol. IV, The Hadamar Trial, S.XXIV.
15 KLEE (1983): S.361.
16 KLEE (1983): S.446.
17 KLEE (1983): S.451.
18 NEUGEBAUER (1983): S.253ff.
19 DÖW (1984): S.496/497.
20 KLEE (1983): S.453.
21 KLEE (1983): S.428.
22 KLEE (1997): S.239.
23 TERNON (1971): S.165.
24 AMM B15/41.
25 KLEE (1983). S.295.
26 KOGON (1983): S.47ff.
27 KLEE (1983): S.258ff.

3 Transporte im Rahmen der Aktion 14 f 13 nach Hartheim

1 KOGON (1983): S.58ff.
2 KOGON (1983): S.67–68.

3 ZSL 439 AR-Z 340/59 (KS 2/66 GSTA), Sammelakte, n° 426, Bd.1, Urteil, Einführung.
4 IMT: D 626 (USA, Ex. 810), NA, case n° 000-50-5, RG 238.
5 TILLION (1997): Anhang 1.
6 TERNON (1971): S. 149.
7 DOBOSIEWICZ (1977): S.327ff. und DÖW (1982): S.534 und ZSL 439 AR-Z 340/59 (KS 1/69 GSTA), Sammelakte, n° 435, Urteil, S.68.
8 TILLION (1997): Anhang 1.
9 Vgl. 3.1.2.
10 AMM B15/6.
11 AMM B15/14.
12 AMM B15/19.
13 ZSL VI, 439, AR 1108/67 (Js 5/65), Schwurgerichtsanklage, S.52.
14 CHOUMOFF (1972): S.48ff.
15 DOBOSIEWICZ (1977): S.419.
16 ZSL 439 AR-Z 340/59 (KS 1/69 GSTA), Sammelakte, n° 435, Urteil, S.69.
17 CHOUMOFF (1972): S.48.
18 ZSL 14419, AR 146/69 (24 Js 1/69 [Z]), S.78ff.
19 NA case n° 000-50-5, RG 338; box 349, Sworn Statement.
20 ZSL 14419, AR 146/69 (24 Js 1/69 [Z]), S.18ff.
21 KLEE (1983): S.352.
22 TERNON (1971): S.215.
23 PAPALETTERA (1970): S.220.
24 NA case n° 000-50-5, RG 338; box 337, Prelim. and First Detailed Intern. Report.
25 HIEMSTRA-TIMMENGA (1959).
26 AMD (1979): Katalog, S.168.
27 KLEE (1983): S.349.
28 AMD Nr.7632.
29 AMD Nr.1028, 6178, 8998, 8996.
30 HOFFMANN (1946): S.318.
31 KOGON (1983): S.277.
32 AMD (1979): Katalog, S.169.
33 ZSL VI, 439, AR 1108/67 (Js 5/65), Schwurgerichtsanklage, S.51.
34 ZSL VI, 439, AR 1108/67 (Js 5/65), Schwurgerichtsanklage, S.98.
35 NA case n° 000-50-5, RG 338; box 349, Sworn Statement.

36 ZSL 439 AR-Z 340/59 (KS 2/66 GSTA), Sammelakte, n° 426, Bd V, S.1518ff.
37 ZSL 439 AR-Z 340/59 (KS 1/69 GSTA), Sammelakte, n° 435, Urteil, S.78.
38 MAC MA7/9.
39 MAC MA 27.
40 ISD (1969): S.152.
41 ADM Liste der in Hartheim vergasten Franzosen.
42 AMM B12/14/2.
43 VITRY (1994): S.103.
44 ZSL 14419, AR 146/69 (24 Js 1/69 [Z]), S.100ff.
45 ZSL 14419, AR 146/69 (24 Js 1/69 [Z]), S.36ff.
46 ZSL 14419, AR 146/69 (24 Js 1/69 [Z]), S.40ff.
47 ZSL 14419, AR 146/69 (24 Js 1/69 [Z]), S.40ff und S.151.
48 ZSL IS 18/21 (GSTA), S.1ff.
49 ZSL 14419, AR 146/69 (24 Js 1/69 [Z]), S.95ff.
50 NA case n° 000-50-5, RG 338; box 342, S.422ff.
51 AMM 15/17.
52 DÖW (1982): S.517.
53 AMM B15/14.
54 IMT: D 626 (USA, Ex. 810), NA, case n° 000-50-5, RG 238.
55 CHOUMOFF (1972): S.43.
56 ZEHETHOFER (1974): S.42 und ADM (1978) und AMD Nr.16193.
57 KLEE (1983): S.445.
58 HORWITZ (1992): S.98-102.
59 NA case n° 000-50-5, RG 338; box 342, Exhibit 84 A, S.2230.
60 MARŠÁLEK (1980): S.153.
61 IMT: D 626 (USA, Ex. 810), NA, case n° 000-50-5, RG 238.
62 DÖRNER (1967): S.144ff.
63 KOGON (1983): S.71.
64 TILLION (1997): Anhang 1, S.334.
65 KOGON (1983): S.71.
66 KOGON (1983): S. 66.

STUDIE 2: MASSENTÖTUNGEN DURCH GIFTGAS IN MAUTHAUSEN UND GUSEN

1 VERGASUNGEN IN DER GASKAMMER DES LAGERS MAUTHAUSEN

1.1 Die Gaskammer des Lagers Mauthausen

In Mauthausen fanden die Vergasungen in einem kleinem Raum statt, dessen Überreste noch heute sichtbar sind, ganz in der Nähe der Verbrennungsöfen und des Hinrichtungsraumes mit der sogenannten Genickschuss-Ecke und dem Galgen. Alle diese Einrichtungen lagen im Keller des vom restlichen Lager isolierten Lagergefängnisses (Bunker oder Zellenbau genannt), und bildeten zusammen das sogenannte „Krematorium“, wie es auf dem auszugsweisen Plan (Abb.1) aus dem Roth-Prozess (vgl.1.2) zu sehen ist. Der erste, mit Koks beheizte Verbrennungsofen (15)*, wurde am 4. Mai 1940 in Betrieb genommen.** Danach wurde dieser Keller durch den Bau von zahlreichen verwinkelten Räumen in Richtung des sogenannten neuen Reviers erweitert, in dem sich heute das Lagermuseum befindet. Der Bau der Gaskammer (5) wurde im Herbst 1941 in Angriff genommen und im Februar 1942 wurde ein zweiter, mit Öl beheizter Verbrennungsofen (4) im bereits genannten Hinrichtungsraum (3) eingebaut. Ein drittes Krematorium (ein Doppelofen), jenseits des im Plan mit 7a bezeichneten Raumes, wurde im Juli 1944 errichtet; seine Lage ist aus dem Plan nicht ersichtlich. Der Ölofen (4) wurde später wieder abgebaut.

Die Gaskammer war ein fensterloser Raum und als Duschraum getarnt. Sie war mit zwei hermetisch verschließbaren Türen ausgestattet, mit einer ins Freie führenden Ventilationsanlage, mit sechzehn Duschköpfen und einer Zuleitung für kaltes und warmes Wasser. Die Mauern waren bis zu einer Höhe von 1,46 m mit beigen und weißen Fliesen ausgekleidet. Entlang einer Wand war über den Fliesen ein Heizkörper montiert und an der Decke oberhalb der Duschköpfe befand sich die Beleuchtung.

---

* Die Zahlen in Klammern (x) in diesem Kapitel beziehen sich auf die Planziffern des Plans in Abb.1. aus: ZSL IV, 419, AR 2274/67, Landgericht Hagen, Beschluss, 4 Str 430/72. S.76a.

** Vor diesem Datum (ab 5. September 1938) waren die Toten des Lagers im städtischen Krematorium in Steyr verbrannt worden. Vgl. MARŠÁLEK (1995): S.214.

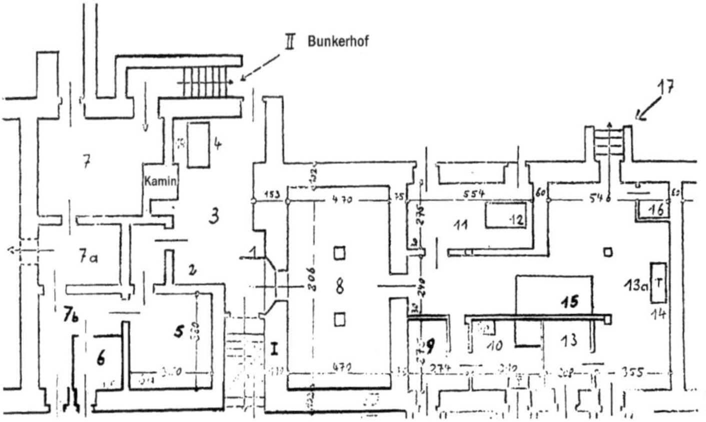

Abbildung 1: Das Krematorium von Mauthausen, Planausschnitt.
I: Zugang zum Appellplatz, **II:** Eingang für die Opfer, **2:** Genickschuss-Ecke, **3:** Hinrichtungsraum, **4:** Ölofen, **5:** Gaskammer, **6:** „Gaszelle“, **7:** Auskleideraum, **7b:** Geräte- oder Schalterraum, **8:** Leichenkühlraum, **9:** Kühlaggregat, **11:** Sezierraum, **15:** Koksofen

Der Vergasungsvorgang wurde von einem kleinen, an die Gaskammer angrenzenden Raum aus bewerkstelligt (6). Ein weiß emailliertes Rohr mit einem Längsschlitz führte von diesem Raum, der „Gaszelle“, in die Gaskammer. Der Schlitz von etwa einem Zentimeter Breite und einem Meter Länge war nicht sichtbar, da er wandseitig an diesem Rohr angebracht war. Alle Schalter und Armaturen für die Beleuchtung, die Ventilation und die Wasser- und Wärmezufuhr befanden sich außerhalb der Gaskammer, im „Geräte- oder Schalterraum“ (7b).

SS-Hauptscharführer Martin Roth war Kommandoführer des Krematoriumskommandos von Anfang Mai 1940 bis zum 3. Mai 1945, also bis zwei Tage vor der Befreiung des Lagers. Er wurde in der BRD in einem 1972 beendeten Prozess verurteilt. Der Prozessakt liefert uns die genauesten und detailliertesten Dokumente über die Vergasungen im Hauptlager, mit Ausnahme der Vergasungen der sogenannten „körperschwachen“ Häftlinge im Jahre 1945, welche in diesem Prozess nur ansatzweise behandelt wurden. Zusätzlich verdanken wir noch viele Dokumente den gerichtlichen Ermittlungsverfahren aus zahlreichen amerikanischen und alliierten Prozessen, in denen seit 1945 zahlreiche SS-Männer und andere Zeugen befragt wurden.

In dieser Studie werde ich einige dieser Zeugenaussagen anführen und somit auch eine genaue Bestandsaufnahme jener Vergasungen liefern können, die im Roth-Prozess noch nicht oder nur ungenügend ausgeführt wurden.

Nach der, wenngleich nur kurzen, Darstellung der Dokumente über die Lieferungen des Zyklon B nach Mauthausen und nach der Präsentation von Häftlingsberichten, die aufgrund der Funktion dieser Häftlinge als glaubwürdig eingestuft werden können, werde ich eine Schätzung der Gesamtzahl der Vergasungsopfer durchführen.

1.2 Der Prozess gegen den SS-Mann Martin Roth, Kommandoführer des Krematoriums

Der Beschluss im Prozess[1] gegen den SS-Hauptscharführer Martin Roth und den stellvertretenden Leiter der Politischen Abteilung, SS-Hauptscharführer Werner Fassel, zuständig für die Verwaltung des Krematoriums, wurde am 9. November 1972 vom Landgericht Hagen gefällt und umfasst 240 Seiten.

Roth hatte seine Beteiligung an folgenden Morden, die alle im Keller des Bunkers verübt worden waren, teils gestanden und teils zugegeben:

Im Zeitraum von März 1942 bis Ende April 1945 hatte er mindestens 502 Häftlinge durch Genickschuss getötet, 66 erhängt, sowie 1.692 mit Zyklon B vergast.[2] Die Anklageschrift enthielt eigentlich 2.400 Vergasungsopfer, aber die persönliche Beteiligung Roths konnte nur für diese 1.692 bewiesen werden.

Das Gericht stützte sich auf Dokumente, für deren Vernichtung die SS keine Zeit mehr gehabt hatte, und auf zahlreiche Zeugenaussagen. Diese Dokumente (Detailanalyse in Anhang 5.1) bestehen vor allem aus drei unterschiedlichen Arten von Totenbüchern, die von verschiedenen Abteilungen der Lagerverwaltung erstellt worden sind und sich teilweise mit der Serie der Totenbücher des SS-Standortarztamtes decken. Dazu kommen noch das sogenannte Exekutionsbuch und das Verzeichnis unnatürlicher Todesfälle, die wahrscheinlich aus unterschiedlichen Registraturen der Politischen Abteilung stammen. Darüber hinaus stehen in einigen Veränderungsmeldungen unter dem Eintrag „Abgang" die Namen von einzelnen Hingerichteten in eigenen Rubriken.

Etwa 25 ehemalige Häftlinge wurden in diesem Prozess als Zeugen vernommen, darunter Häftlinge der Politischen Abteilung und des Krematoriumskommandos (vgl. 1.8), wie z.B. die ehemaligen „Kapos" Johann (Hans) Kanduth und Wilhelm Ornstein. Auszüge aus den Zeugenaussagen dieser beiden wurden schon oft veröffentlicht. Ornstein stellte der deutschen Justiz sogar die Notizen zur Verfügung, die er sich als Schreiber dieses Kommandos, dem er vom 18. oder 19. August 1944 bis zum 2. Mai 1945 angehört hatte, gewöhnlich zu Arbeitsschluss gemacht hatte.[3]

1.2.1 Ablauf der Vergasungen*

Im Beschluss gegen Roth wird der Vergasungsvorgang folgendermaßen beschrieben:[4]

*„[...] Stand eine Vergasung an [...], befahl Roth einem der ihm unterstellten Häftlinge des Krematoriumskommandos, zumeist dem Zeugen Kanduth, einen Ziegelstein im Krematoriumsofen heiß zu machen. Den heißen Ziegelstein trug Roth auf einer Schaufel in die Gaszelle (6) und legte ihn dort in das Gaseinfüllgerät, welches aus einem eisernen Kasten mit einem abnehmbaren Deckel bestand, der mittels Flügelschrauben und einer Abdichtung luftdicht verschlossen werden konnte.*** Der eingeführte heiße Ziegelstein diente dazu, das später eingefüllte, an Papierschnitzel gebundene Giftgas durch die aufsteigende Hitze schneller zu entbinden.*

In der Zwischenzeit wurden die Opfer über den Bunkerhof durch den Delinquenteneingang (II) in den Umkleideraum (7) der Vergasungsanlage geführt, wo sie sich zu entkleiden hatten. Danach mußten sie den nächsten Raum (7a) betreten, in dem mehrere SS-Sanitätsdienstgrade standen, die weiße Ärztekittel trugen und hierdurch den Häftlingen vortäuschten, sie seien Ärzte. Sie steckten den Opfern einen Holzspachtel in den Mund um festzustellen, ob Goldzähne vorhanden waren. War dies der Fall, erhielt der betreffende Häftlinge mit Farbstift ein Kreuz auf der Brust oder dem Rücken. Sodann wurden die Opfer durch den Geräteraum (7b) an der Gas-

* Nach dem Text des Gerichtsbeschlusses.

** Dieser Apparat, mit seinem angeschlossenen Ventilator (siehe weiter unten) ist auf einem Foto sichtbar (Abb. 2), das im Mai 1945 aufgenommen wurde und dessen Kopie dem sogenannten Taylor-Report beigefügt war (siehe auch 3.3). Die Originalfotografie wurde von Paula Schwartz im Dezember 1986 in den US National Archives in Washington gefunden. Hiermit sei ihr dafür herzlich gedankt.

*zelle (6) vorbei in die gekachelte, mit einer Brauseanlage versehene Gaskammer (5) geführt. Hierbei wurde ihnen von SS-Angehörigen meist ausdrücklich erklärt, sie sollten jetzt geduscht werden. Um die Täuschung noch zu verstärken, wurden ihnen, bevor sie die Gaskammer betraten, gelegentlich auch Seife und ein Handtuch ausgehändigt. In jedem Fall hatten die Opfer aufgrund der gesamten Umstände – insbesondere wegen der vorgetäuschten ärztlichen Untersuchung und angesichts der wie eine richtige Brauseanlage ausgestatteten Gaskammer – den Eindruck, als würden sie tatsächlich geduscht. Sie gingen deshalb auch völlig ahnungslos und oft sogar lachend in die Gaskammer. Die Beweisaufnahme hat keinen Fall erbracht, daß die SS-Angehörigen hierbei einmal Zwang anwenden mußten. Da die Gaskammer nur die Ausmaße von 3,50 m x 3,80 m hatte, also nur 13,30 qm groß war *, die Gruppen der zu vergasenden Opfer aber vielfach zwischen 50 und 100 Personen zählten, mußten die Häftlinge zusammengepfercht werden, damit die zum Geräteraum offene Tür – die zur Genickschußhalle (3) führende Tür der Gaskammer blieb ohnehin bis zum Ende einer Aktion zu – geschlossen werden konnte.*

*In der Zwischenzeit – entweder vor oder nach dem Hineinführen der Opfer in die Gaskammer – brachte der Lagerapotheker oder ein anderer dort tätiger SS-Mann das für die Vergasung bestimmte, in verschlossenen Dosen befindliche Giftgas Zyklon B. Je nach der Größe der zu vergasenden Häftlingsgruppe wurden sodann in der Gaszelle eine oder auch zwei Dosen geöffnet und das in Papierschnitzel oder Filzdeckel gebundene Gas in das, durch den zuvor hinein gelegten Ziegelstein schon vorgewärmte, Gaseinfüllgerät geschüttet. ** Nach Verschrauben des Deckels wurde ein ebenfalls in der Gaszelle (6) angebrachter Ventilator eingeschaltet ***, der das durch die Wärmeeinwirkung des Ziegelsteines frei werdende Gas durch das Zuleitungsrohr in die Gaskammer drückte. Der Tod der jetzt das Giftgas einatmenden*

* In Wirklichkeit 3,57 mal 3,87 Meter, also 13,8 Quadratmeter.

** Anmerkung zum Beschlusstext: „*Mit Hilfe des heißen Steines wurde eine Temperatur von 26°C erreicht, bei der Zyklon B gasförmig wird.*" Diese Minimaltemperatur wurde auch in der Gaskammer erreicht, und zwar dank der Heizung (noch in den Überresten der Gaskammer sichtbar) oder einfach weil sich eine große Anzahl von Menschen in einem kleinen, hermetisch abgeschlossenen Raum befand. Im allgemeinen war das Zyklon B an Kieselgur gebunden. Vgl. WELLERS (1984): S.257/258.

*** Direkt mit dem Zyklon-B Vergasungsapparat verbunden (Abb.2).

Abbildung 2: Fotografie des Zyklon B Vergasungsapparates, aus dem Taylor Report, Mai 1945

Opfer trat nicht schlagartig ein; er wurde vielmehr langsam und sehr qualvoll herbeigeführt. Der eigentliche Tötungsvorgang dauerte bis zu 5 Minuten, bei einzelnen Aktionen sogar noch länger. Während dieser Zeit krümmten sich die schreienden Opfer und schlugen auch gegen die Gaskammer-Türen, bis sie, soweit überhaupt Platz vorhanden war, zusammenbrachen. Etwa 15 Minuten nach dem Einströmen des Gases in die Gaskammer überzeugte sich der Angeklagte Roth durch einen Blick durch das in der einen Tür befindliche Guckloch, daß sich kein Opfer in der Gaskammer mehr regte, und schaltete sodann den im Vorraum zwischen Umkleide- und Geräteraum angebrachten Ventilator ein, der das Gas durch einen Kamin aus der Gaskammer nach draußen absaugte. Dieser Entlüftungsvorgang dauerte bis zu drei Stunden. Anschließend öffnete Roth beide Türen der Gaskammer, in die er zunächst vorsichtig einen besonders imprägnierten Papierstreifen hineinhielt, um festzustellen, ob der Raum gasfrei war, und befahl dann den ihm unterstellten Häftlingen, die Leichen in den Kühlraum des Krematoriums zu schaffen. Bei ihrer Öffnung bot die Gaskammer einen grauenhaften Anblick, der selbst die Häftlinge des Leichenträger- und Krematoriumskommandos, die infolge ihrer Tätigkeit einiges gewohnt waren, oft erschaudern und zurückprallen ließ. […] War die Gaskammer geräumt, mußten die dem Angeklagten unterstellten Häftlinge auf seinen Befehl die gesamte Verga-

sungsanlage reinigen und mit einem Desinfektionsmittel desinfizieren, während Roth selbst, vielfach aber auch auf seinen Befehl der Zeuge Kanduth, die Gaszelle säuberte und den Ziegelstein zurückbrachte [...]. Bevor die Leichen [...] verbrannt wurden, wurde den Opfern weiblichen Geschlechts das lange Haupthaar geschoren und allen mit einem Farbkreuz versehenen Leichen die Goldzähne von SS-Zahnärzten gezogen. Die letztere Arbeit hat vielfach aber auch der Zeuge Tiefenbacher, der dem Leichenträgerkommando angehörte, verrichten müssen. Die Goldzähne brachte Roth in kleinen Säckchen zu einer hierfür bestimmten Dienststelle des Konzentrationslagers. Von dort wurden sie als sogenanntes Zahngold an das Reichssicherheitshauptamt abgeliefert. [...] Er [Roth] könne sich auch noch erinnern, wie bei der ersten Vergasung (Fall A.1 der Anklage) Dr. Krebsbach und Wasicky mit einer Gasdose in die Gaszelle (6) gegangen seien und die Tür hinter sich geschlossen hätten. Darüber hinaus habe er beide mehrfach während der Durchführung von Vergasungsaktionen aus der Gaszelle herauskommen gesehen. Schließlich sei es auch Dr. Krebsbach gewesen, der ihm, Roth, gezeigt habe, auf was er nach der Tötung der Opfer bei der Entlüftung der Gaskammer achten müsse. "*

* Man hat das Original einer „Dienstnotiz über den Betrieb der Zyansäure – Desinfektionskammer (Zyklon B) im Lager Gusen, Nebenlager von Mauthausen" vom 26. Februar 1942, unterzeichnet von Dr. Krebsbach, gefunden. Darin wird besonderer Wert darauf gelegt, dass bei jeder Aktion eine Gasmaske zu tragen sei, auch bei der Öffnung der Tür zur Kontrolle der Umgebungsluft. In dieser Notiz wird auch festgestellt, dass der Filter der Gasmaske nicht länger als zehn Minuten dicht ist. AMM M 9a/1.

1.2.2 Vergasungen und Opferzahlen, die Roth angelastet wurden

Fallnummer lt. Beschluss	Datum	Opferzahlen
A.1	März 1942	15 „körperschwache" Häftlinge
A.2	9.–10. 5. 1942	231 Kriegsgefangene (SU.Kgf.)
A.3 (vgl. 1.2.3)	24. 10. 1942	261 Tschechen, darunter 133 Frauen und Kinder
A.4	17. 4. 1943	64 Häftlinge: 59 Russen und 5 Polen
A.5 (vgl. unten Pkt. 1)	24. 9. 1944	138 Häftlinge, vor allem Russen und SU.Kgf.
A.6 (vgl. unten Pkt. 2)	15. 10. 1944	45 Häftlinge: 40 Russen, 2 Deutsche, 2 Polen und 1 Tscheche.
A.7 (vgl. unten Pkt. 3)	21. 11. 1944	60 Häftlinge, darunter 55 Russen und 3 Polen
A.8 (vgl. unten Pkt. 4)	29. 12. 1944	46 Häftlinge: 39 Russen, 3 Franzosen, 3 Italiener und 1 Pole
A.9	19. 2. 1945	66 Häftlinge unbekannter Nationalität
A.10	23. 3. 1945	68 Häftlinge unbekannter Nationalität
A.11	8. 4. 1945	235 Tschechen, darunter 37 Frauen
A.12 (vgl. unten Pkt. 5)	28. 4. 1945	43 Häftlinge: 33 Österreicher, 4 Kroaten, 5 Polen und 1 Engländer
A. 13/22	1945	420 „körperschwache" Häftlinge
Mindestgesamtzahl:		**1.692**

Anmerkungen zum Beschluss:

1.) Die Hinrichtungsdaten wurden auf mehrere Tage verteilt registriert, wie aus den Kopien der Veränderungsmeldungen hervorgeht.[5] Die Veränderungsmeldung vom 25. September 1944 enthält drei Seiten mit 120 Namen, eine andere vom 27. September 1944 mit nur einer Seite nennt unter der Rubrik „Hingerichtet" fünf Namen für den 15. September und 13 Namen für den 27. September 1944, was in Summe 138 Opfer dieser Hinrichtung ergibt. Die Opfer waren großteils russische Schutzhäftlinge und Kriegsgefangene.

2.) Das Vergasungsdatum 15. Oktober wird durch die Kopie der Veränderungsmeldung vom 15. Oktober 1944 bestätigt, die eine Aufstellung der 45 Hingerichteten enthält, darunter 38 russische Zivilarbeiter

(RZA), zwei russische Schutzhäftlinge, zwei Reichsangehörige, zwei Polen und ein Tscheche.[6]

3.) Die Kopie der Veränderungsmeldung vom 21. November 1944 enthält eine Aufstellung von 58 „exekutierten" Häftlingen, darunter 55 RZA und drei Polen.[7]

4.) Die Kopie der Veränderungsmeldung vom 29. Dezember 1944 enthält eine Aufstellung von 46 „exekutierten" Häftlingen, darunter 39 RZA, drei Franzosen, drei Italiener und ein Pole.[8]

5.) Die Auflistung der 43 Hingerichteten in der Kopie der Veränderungsmeldung vom 28. April 1945 enthält die Namen von 33 Österreichern (Reichsangehörigen), vier Kroaten, vier Polen, einem polnischen Zivilarbeiter und einem Engländer.[9] Diese letzte Vergasung, besonders jene der österreichischen Antifaschisten, die seit Herbst 1944 in Mauthausen interniert waren, wurde aus anderen Gründen als gewöhnlich angeordnet: Der SS-Obergruppenführer und Gauleiter von Oberdonau, August Eigruber, begründete seinen Hinrichtungsbefehl vom 27. April 1945 damit, dass *„die Alliierten bei ihrer Ankunft keine einzige Partisanenbewegung in der Alpenregion finden dürften."*[10]

1.2.3 Beschreibung der Vergasung vom 24. Oktober 1942 laut Beschlusstext

Der Gerichtsbeschluss enthält eine detaillierte Aufstellung der ersten zwölf Vergasungen der Anklagepunkte (vgl. 1.2.2), für die sich das Gericht zuständig erklärt hatte. Aus diesem Beschluss wird hier eine dieser Vergasungen (24. Oktober 1942, Fall A.3) präsentiert:[11]

„Am 24. Oktober 1942 fand auf Anordnung des Reichssicherheitshauptamtes die Exekution von 261 tschechischen Häftlingen, darunter mindestens 130 Frauen und Kinder, statt. Sie sind in Gruppen hintereinander, die Frauen von den Männern getrennt, in der bereits beschriebenen Weise in der Gasanlage durch Gas getötet worden. Sehr wahrscheinlich ist diese Aktion durch das am 29. Mai 1942 auf den SS-Gruppenführer und Leiter des Reichssicherheitshauptamtes Reinhard Heydrich verübte Attentat, an dessen Folgen er am 4. Juni 1942 verstarb, ausgelöst worden.

Die Tschechen wurden einige Tage vor ihrer Tötung in Zivilkleidung ins KL Mauthausen eingeliefert und zum großen Teil, insbesondere die Frauen, von denen einige schwanger waren, im Bunker untergebracht. Als sie am Tage der Exekution gruppenweise zunächst in den Umkleideraum und danach in den dahinter liegenden Vorraum der Gasanlage geführt und hier von SS-Angehörigen in weißen Ärztekitteln auf Goldzähne hin untersucht wurden, waren sie völlig ahnungslos. Sie gingen deshalb teilweise sogar lachend und in jedem Fall im Glauben, jetzt geduscht zu werden, in die Gaskammer. Nur eine Gruppe der getöteten Männer erkannte im letzten Augenblick, als die Tür zur Gaskammer gerade geschlossen war, weshalb man sie wirklich hierher gebracht hatte und brachte diese Kenntnis durch die Rufe ‚Meuchelmörder' und durch gleichzeitiges verzweifeltes Schlagen gegen die Gaskammertüren zum Ausdruck. Die gesamte Tötungsaktion dauerte weit über 24 Stunden. Nach Abschluß der Vergasung und nach Verbringen aller Leichen in die Leichenkühlraum wurden den Leichen, die Farbkreuze auf der Brust oder dem Rücken aufwiesen, die Goldzähne ausgebrochen und den weiblichen Opfern das lange Haupthaar geschoren. Diese Vergasungsaktion war wegen der Vielzahl der Opfer und der langen Dauer ihrer Durchführung selbst für die im Umgang mit Leichen schon abgestumpften Häftlinge des Leichenträger- und Krematoriumskommandos besonders schrecklich.

An dieser Aktion hat der Angeklagte Roth im dem üblichen, im einzelnen bereits oben geschilderten Umfange mitgewirkt.

Er hat zudem zu Beginn der Vergasung dem Zeugen Kanduth befohlen, den im Vorraum (7a) hinter dem Umkleideraum wartenden SS-Angehörigen, unter denen sich wahrscheinlich auch Dr. Krebsbach und der Lagerapotheker Wasicky befanden, zwei Ärztemäntel und Mundspachteln zu bringen.

Bei der Tötung dieser 261 Tschechen hat aber auch der Angeklagte Fassel mitgewirkt. Er hat laut seinem Geständnis in der Politischen Abteilung allein das sogenannte Exekutionsprotokoll vorbereitet und darin die Namen aller Opfer dieser Aktion eingetragen. Er hat dann anschließend als einziger SS-Unterführer der Politischen Abteilung zumindest zeitweilig der eigentlichen Durchführung der Vergasung in der Gasanlage beigewohnt und hier die Funktion des ‚Zeitnehmers' ausgeübt. Als er mit der vorbereiteten Liste zur Gasanlage ging, kam er auf dem Bunkerhof an mindestens 40 wartenden Opfern vorbei, unten denen er auch wenigstens 10 Frauen erkannte. Vor der Gaskammertür beobachtete er für kurze Zeit durch den Spion den grauenvollen Todeskampf einer Gruppe männlicher Häftlinge und hörte mit an, wie die Sterbenden aus Verzweiflung von innen auf die Gaskammer schlugen. Nachdem der Tod der Häftlinge eingetreten war, trug er in das Exekutionsprotokoll eine mehr oder weniger willkürliche Todeszeit ein, wobei er, eingedenk der bestehenden Geheimhaltungs- und Tarnungsvorschriften, den

Zeitpunkt immer so vermerkte, daß zwischen der angeblichen Todeszeit der Häftlinge stets eine Differenz von 1 bis 2 Minuten lag. Danach verließ er, nach seiner ihm nicht zu widerlegenden Einlassung, den Tatort, noch bevor die nächste Gruppe der Opfer in die Gaskammer geführt worden war, weil er das grauenvolle Geschehen nicht länger mit ansehen konnte. Hinsichtlich aller nach seinem Weggang noch Getöteten vervollständigte er dann auf der Politischen Abteilung in der beschriebenen Weise das Exekutionsprotokoll und erledigte hier auch zumindest teilweise die weiter erforderlichen Schreibarbeiten.

Dieser Sachverhalt ist erwiesen aufgrund der Geständnisse beider Angeklagten und der Aussagen der Zeugen Kanduth, Seidl, Verge-Armengol, Arthur Breitbarth, Dr. Stransky und Martin.

Die Namen und Personalien der durch diese Vergasungs-Aktion getöteten Opfer ergeben sich aus dem ‚Totenbuch' und dem ‚Exekutionsbuch'. Um die hier angewandte Tötungsart zu verschleiern, ist im ‚Totenbuch' bei allen Opfern als Todesursache fälschlicherweise ‚standrechtlich erschossen' und zudem die Todeszeit dergestalt falsch eingetragen worden, daß diese Zeit von Opfer zu Opfer um jeweils 2 Minuten differierte. Im Exekutionsbuch [...] sind die Opfer mit dem jeweiligen Zusatz ‚Aktion 19' vermerkt [vgl. Abb.3]. *

Eines Eingehens auf das Ergebnis der Beweisaufnahme im einzelnen bedarf es nur zu folgenden Punkten:

*Im Gegensatz zu den Feststellungen des Urteils des Schwurgerichts Köln vom 30. Oktober 1967 in der Strafsache gegen Schulze und Streitwieser ist aufgrund der im vorliegenden Verfahren gewonnenen neuen Erkenntnisse erwiesen, daß sowohl die Frauen als auch die Männer dieses Transportes ausnahmslos vergast worden sind**, die Männer also nicht etwa durch Erschießen auf der Richtstätte den Tod gefunden haben. Diese Überzeugung*

* Bemerkung zum Urteilstext: s. Kopien der 13 Seiten des Registers der „Unnatürlichen Todesfälle" (AMM M 6/1), das im Anhang 5.1.2 behandelt wird und die Namen von 135 Frauen und 126 Männern enthält (Abb. 3 stellt die erste dieser 13 Seiten dar).

** Bemerkung zum Urteilstext: Aus der Kopie eines Dokumentes (AMM M 5/4), einem Bericht an die Prager Gestapo vom 2. September 1942, geht hervor, dass drei Personen (zwei Frauen, wahrscheinlich Mutter und Tochter, und ein Mann) namens Kondela am 24. Oktober 1942 erschossen wurden (aber es handelt sich zweifellos auch hier um eine Vertuschung der Vergasung).

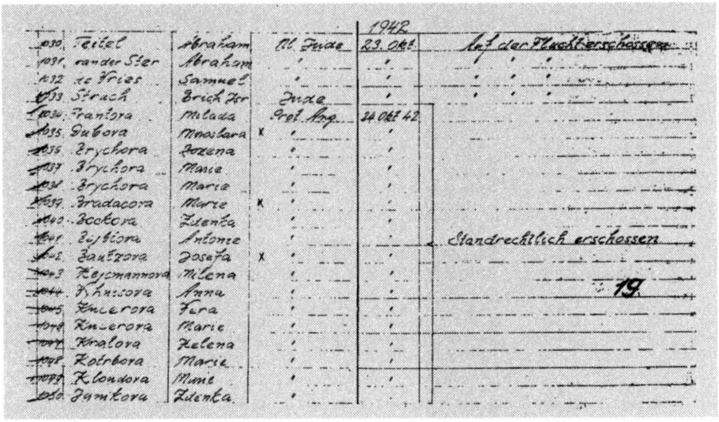

1942

Auf der Flucht erschossen

Standrechtlich erschossen

19

Abbildung 3: Die erste Seite (von 13) vom 24. Oktober 1942 aus dem Verzeichnis der „unnatürlichen Todesfälle". Auf dieses Verzeichnis der „unnatürlichen Todesfälle" wird im Anhang 5.1.2 näher eingegangen. Diese Seite enthält siebzehn der 261 Namen. Im Roth-Prozess wurde festgestellt (vgl. 1.2.3), dass die Bemerkung „Aktion 19" „vergast" bedeutet und der Ausdruck „standrechtlich erschossen" eine Fälschung darstellt.

des Schwurgerichts beruht einmal mehr auf den Zeugenaussagen des Angeklagten Fassel, er habe aus dem Bunkerhof auf ihre Exekution wartende gemischte Häftlingsgruppen und sogleich darauf in der Gaskammer mit dem Tode ringende männliche Häftlinge gesehen. Sie beruht zum anderem auf den Angaben des österreichischen Zeugen Kanduth, der sicher wußte, daß bei dieser Aktion sowohl die Frauen als auch die Männer vergast worden sind."

1.2.4 Zusätzliche Vergasungen

In dieser Aufstellung finden sich weitere Vergasungsaktionen und Opferzahlen laut der Anklageschrift gegen Martin Roth. Diese Vergasungen wurden vom Gericht zwar bestätigt, Roth im Prozess aber nicht angelastet.

Ordnungszahl	Datum	Anmerkungen
E II 2	23.3.1942	26 SU.Kgf.
E II 6	19.11.1943	38 Häftlinge: russische Zivilarbeiter; die Veränderungsmeldung vom 19.1.1943 erwähnt 37 Namen (siehe Abb.4)[12]
E II 7	16.8.1944	52 Häftlinge: 45 Russen, 5 Polen, 1 Jugoslawe und 1 Tscheche
E II 16/25	1945	580 Häftlinge: insgesamt 1.000 Kranke, von denen aber 420 bereits im Urteil gegen Roth berücksichtigt wurden.
Gesamtzahl:		**696**

1.3 Zeugenaussagen zur Gaskammer*

Zahlreiche Zeugenaussagen wurden seit 1945 im Zuge der zahlreichen Ermittlungsverfahren für jene Prozesse gesammelt, die vom internationalen Militärgerichtshof in Nürnberg und von amerikanischen Militärgerichten in den Jahren 1946/47 durchgeführt wurden. In späteren bundesdeutschen Prozessen wurden diese Zeugenaussagen oft wieder zum Verhandlungsgegenstand.

1.3.1 Zeugenaussagen bezüglich der Gaskammer

Im Rahmen des Nürnberger Prozesses wurde die Gaskammer mehrfach in Zusammenhang mit SS-Obergruppenführer Ernst Kaltenbrunner, Heydrichs Nachfolger an der Spitze des RSHA, angesprochen, wie das Buch von Arkadi Poltorak, dem ehemaligen Chef des sowjetischen Se-

* Diese Zeugenaussagen stammen aus anderen Gerichtsverfahren und beziehen sich sowohl auf die Gaskammer in Mauthausen als auch auf die Opferzahlen.

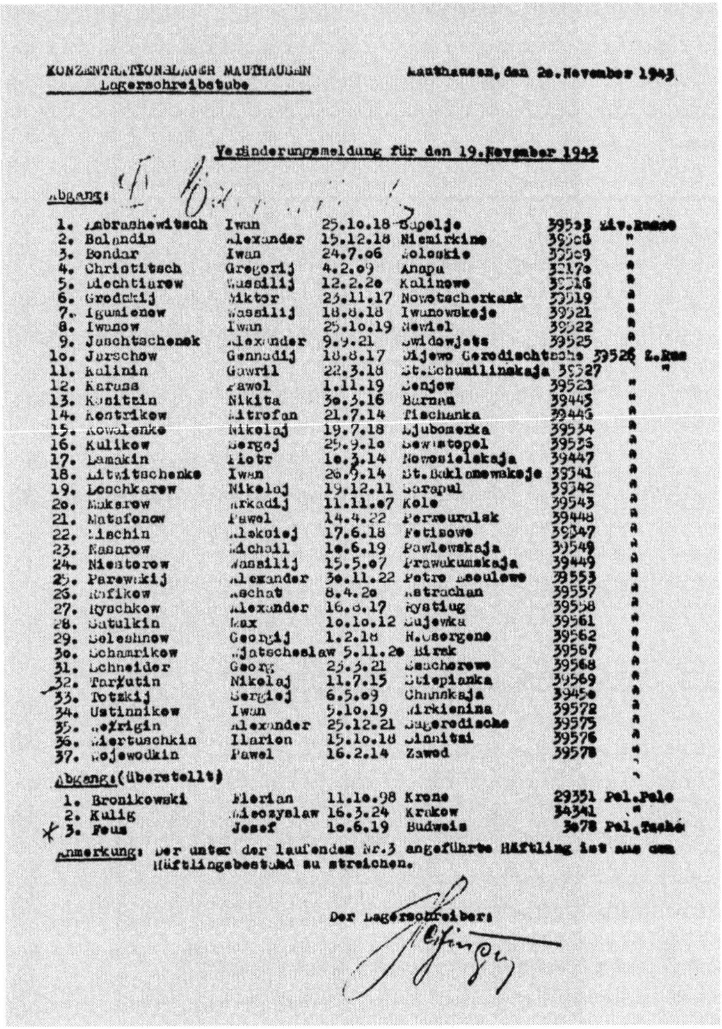

KONZENTRATIONSLAGER MAUTHAUSEN
Lagerschreibstube

Mauthausen, den 2o.November 1943

Veränderungsmeldung für den 19.November 1943

Abgang:

Nr.	Name	Vorname	Geb.	Ort	Nr.	
1.	Abraschewitsch	Iwan	25.1o.18	Bupelje	395o3	Ziv.Russe
2.	Balandin	Alexander	15.12.18	Niemirkino	395o8	"
3.	Bondar	Iwan	24.7.o6	Soloskie	395o9	"
4.	Christitsch	Gregorij	4.2.o9	Anapa	3217o	"
5.	Diechtiarew	Wassilij	12.2.2o	Kalinowo	39516	"
6.	Grodzkij	Wiktor	23.11.17	Nowotscherkask	39519	"
7.	Igumienow	Wassilij	18.8.18	Iwanowskoje	39521	"
8.	Iwanow	Iwan	25.1o.19	Newiel	39522	"
9.	Juschtschenok	Alexander	9.9.21	Swidowjets	39525	"
1o.	Jurschow	Gennadij	18.8.17	Dijewo Gorodischtsche	39526	Z.Rus
11.	Kalinin	Gawril	22.3.18	St.Schumilinskaja	39527	"
12.	Karuss	Pawol	1.11.19	Senjow	39523	"
13.	Kositzin	Nikita	3o.3.16	Burnas	39445	"
14.	Kostrikow	Mitrofan	21.7.14	Tischanka	39446	"
15.	Kowalenko	Nikolaj	19.7.18	Ljubomerka	39534	"
16.	Kulikow	Sergej	25.9.1o	Sewastopol	39535	"
17.	Lamakin	Piotr	1o.3.14	Nowosielskaja	39447	"
18.	Litwitschenko	Iwan	26.9.14	St.Baklanowskoje	39541	"
19.	Loschkarew	Nikolaj	19.12.11	Sarapul	39542	"
2o.	Makarow	Arkadij	11.11.o7	Kole	39543	"
21.	Matafonow	Pawol	14.4.22	Perwouralsk	39448	"
22.	Mischin	Aleksiej	17.6.18	Fetisowo	39547	"
23.	Nasarow	Michail	1o.6.19	Pawlowskaja	39549	"
24.	Niestorow	Wassilij	15.5.o7	Prawokumskaja	39449	"
25.	Parewskij	Alexander	3o.11.22	Petro Scoulowo	39553	"
26.	Rafikow	Aschat	8.4.2o	Astrachan	39557	"
27.	Ryschkow	Alexander	16.8.17	Rystiug	39558	"
28.	Satulkin	Max	1o.1o.12	Sujewka	39561	"
29.	Soleshnow	Georgij	1.2.18	N.Usergeno	39562	"
3o.	Schamrikow	Wjatscheslaw	5.11.2o	Birsk	39567	"
31.	Schneider	Georg	25.3.21	Suchorowo	39568	"
32.	Tarkutin	Nikolaj	11.7.15	Stiepianka	39569	"
33.	Totzkij	Sergiej	6.5.o9	Chinnskaja	3945o	"
34.	Ustinnikow	Iwan	5.1o.19	Mirkienina	39572	"
35.	Jefrigin	Alexander	25.12.21	Jagorodische	39575	"
36.	Miertuschkin	Ilarion	15.1o.18	Winnitsa	39576	"
37.	Wojewodkin	Pawel	16.2.14	Zawod	39578	"

Abgang:(überstellt)

Nr.	Name	Vorname	Geb.	Ort	Nr.	
1.	Bronikowski	Florian	11.1o.98	Krone	29351	Pol.Pole
2.	Kulig	Mieczyslaw	16.3.24	Krakow	34341	"
3.	Feus	Josef	1o.6.19	Budweis	3078	Pol.Tsche.

Anmerkung: Der unter der laufenden Nr.3 angeführte Häftling ist aus dem Häftlingsbestand zu streichen.

Der Lagerschreiber:

Abbildung 4: Veränderungsmeldung für den 19. November 1943 nach einer Photokopie des Originals aus dem Anklageakt.[13] Diese Meldung der Lagerschreibstube enthält unter der Rubrik „Abgang" eine Aufstellung von 37 Namen mit dem handschriftlichen Zusatz „Exekutiert" (auf dieser Reproduktion ist nur das „E" erkennbar). Am Ende erscheinen noch drei Namen unter der Rubrik „Abgang (überstellt)".[14]

kretariats beim internationalen Gerichtshof in Nürnberg, zeigt.[15] Die folgenden beiden Zeugenaussagen beziehen sich auf diesen Umstand:

Die Aussage des ehemaligen Kapos des Krematoriumskommandos, Johann Kanduth, aufgenommen am 30. Juli 1959 von der Bundespolizeidirektion Linz:[16]

„Punkt 31: Es ist richtig und ich habe es selbst gesehen, daß SS-Obersturmführer Karl Schulze im Jahre 1942/43, den Tag weiß ich heute nicht mehr genau, zusammen mit Kaltenbrunner, Eigruber, Ziereis [...] die Gaskammer in Mauthausen besichtigt hat. Bei dieser Gelegenheit wurden die Häftlinge, und zwar Männer und Frauen, aus dem Bunker herausgeholt und hingerichtet. Bei dieser Hinrichtung sind alle Sorten der Tötung, und zwar Hängen, Schuß in den Hinterkopf und Vergasen vorgeführt worden. Nach dieser Vorführung der Hinrichtung sind die anwesenden SS-Führer lachend aus der Gaskammer zurück in den Bunkerhof gegangen."

Die Aussage von SS-Unterscharführer Alois Höllriegl, der zuerst in der Wachmannschaft und dann im Kommandanturstab von Mauthausen eingesetzt war, abgegeben am 7. November 1945 vor US Behörden:[17]

„[...] Bei einer Gelegenheit, ich glaube es war im Herbst 1942, besuchte Ernst Kaltenbrunner Mauthausen. Ich hatte damals Wachdienst und sah ihn zweimal. Zusammen mit dem Kommandanten des Lagers, Ziereis, ging er in die Gaskammer hinunter, zu einem Zeitpunkt, da Gefangene vergast wurden. Das den Vorgang der Vergasung begleitende Geräusch war mir wohl bekannt. Ich hörte, daß die Vergasung während der Anwesenheit Kaltenbrunners vor sich ging. Ich sah Kaltenbrunner von dem Gaskeller heraufkommen, nachdem die Vergasung beendet war [...]."

In einem anderen Dokument, von dem im Französischen Nationalarchiv nur eine französische Übersetzung existiert, gab Höllriegl zu Protokoll, *„dass 1942 innerhalb des Häftlingslagers, in der Nähe des Krematoriums, eine Gaskammer gebaut worden war. In diesem weiß verfliesten Raum konnten 40 bis 50 Personen untergebracht werden. Die Türen waren luftdicht und hatten ein Guckloch [...]. Das Licht konnte von außen bedient werden [...]. Die Häftlinge starben in drei bis vier Minuten. [...]. Die Vergasungen fanden zwei- bis dreimal pro Woche statt. Zahlreiche kleine Gruppen von 20 bis 30 Personen wurden sofort nach ihrer Ankunft im Lager in die Gaskammer geführt."*[18]

Ebenfalls im Nürnberger Prozess wurde das Geständnis von SS-Standartenführer Franz Ziereis, dem Lagerkommandanten von Mauthausen, präsentiert, das er am 23. Mai 1945 vor seinem Tod abgelegt hatte.[19] Es kursieren mindestens zwei deutsche Fassungen dieses Textes mit derselben Quellenangabe; eine unvollständige Version wurde am 8. April 1946 unter dem Namen Hans Maršáleks veröffentlicht.[20]

Dieses Geständnis ist besonders bemerkenswert, da es viele interessante Hinweise (Gaskammer, Gaswagen, Hartheim, die Transporte 14 f 13) enthält, die seit den bundesdeutschen Verfahren auch von der Justiz anerkannt werden. Bisher war jedoch in der Beurteilung jenes Dokuments vor allem in Bezug auf die lange Zeit unerklärbaren Opferzahlen von Hartheim große Vorsicht vonnöten.*

Die Aussage lautet:[21]

„[...] Die Vergasungsanstalt Mauthausen wurde auf Anordnung des Gruppenführers Glücks gebaut, da dieser vermutete, daß es menschlicher ist, die Häftlinge zu vergasen anstatt zu erschießen [...]. Im Lager Mauthausen wurde auf Anordnung des SS-Hauptsturmführers Dr. Krebsbach eine Vergasungsanstalt gebaut unter der Tarnung eines Baderaumes. In diesem getarnten Baderaum wurden die Häftlinge vergast [...].“

Das Wissen um die Vergasungen wird auch durch die zwei folgenden, vor der deutschen Justiz gemachten Aussagen bezeugt:

SS-Untersturmführer Anton Streitwieser, dritter Schutzhaftlagerführer, am 31. Juli 1963:[22]

„[...] Dem Schutzhaftlagerführer war jedoch dann klar, daß Häftlinge vergast werden sollten, wenn Häftlinge in den Hof des Arrestbaues verbracht werden mußten und der Lagerkommandant, der Lagerarzt und der SS-Apotheker, SS-Hauptsturmführer Wasicky, sich zum gleichen Ort begaben [...].“

SS-Hauptscharführer Johann (Hans) Haider, erster Schutzhaftlagerschreiber, am 5. November 1962:[23]

„[...] Mir ist bekannt, daß im Schutzhaftlager selbst Vergasungen stattfanden; das hat sich bei uns SS-Leuten herumgesprochen; zum Beispiel war auch Bollhorst [SS-Unterscharführer Heinz B.] – so wie er mir erzählte – einmal bei einer derartigen Aktion anwesend [...].“

* Zumindest bis 1988, als die Publikation von Anhang 5.4 (siehe weiter unten) unverzichtbare Erläuterungen zum besseren Verständnis dieser Aussage mit sich brachte.

1.3.2. Zeugenaussagen zum Betrieb der Gaskammer und zu den Opferzahlen

Zuerst werden hier Auszüge aus den Aussagen einiger SS-Männer präsentiert. Diese Aussagen stammen alle aus den Vernehmungen dieser Männer durch die US Behörden im Rahmen des großen Mauthausen-Prozesses 1946 in Dachau („The US vs. Altfuldisch et al.").

SS-Sturmbannführer Dr. Eduard Krebsbach, Standortarzt bis August 1943:[24]

„[...] Der Apotheker des KZ-Lagers Mauthausen Erich Wasicky hat, auf Befehl des Lagerkommandanten Ziereis, eine Gaskammer eingerichtet und erfunden, die dann zur Vergasung von Häftlingen verwendet wurde [...] Ich habe an der Vergasung von ungefähr 200–300 Häftlingen teilgenommen [sowie] [...] selbst an der Auswahl von ungefähr 2.000 Häftlingen aller Nationalitäten [...]. Diese Häftlinge sind dann in der Gaskammer vergast worden [...]."

Von SS-Oberscharführer Joseph Niedermayer, Leiter des Zellenbaus, liegen vier Aussagen vor. Die erste vom 7. Februar 1946:[25]

„[...] Im Lager Mauthausen gab es auch eine Gaskammer, in der ungefähr 4.000 Russen, Polen, Tschechen, Franzosen, Italiener, Belgier, Holländer, Slowaken vergast wurden. Diese waren Kriegsgefangene und Zivilisten. Sobald ein Transport im Lager ankam, der zum Vergasen bestimmt war, wurde mir davon durch Hauptsturmführer Bachmayer oder durch Hauptsturmführer Zutter oder Obersturmführer Schulze oder durch Obersturmführer Altfuldisch Mitteilung gemacht. Die zu Vergasenden sind dann zu mir in den Bunker gebracht worden. [...] Im März oder April 1945 sind 1.400 Kranke des Lagers Mauthausen, die vom SS-Lagerarzt Dr. Wolter herausgesucht und uns übergeben worden waren, auf dieselbe Art vergast worden [...]."

Die zweite Aussage vom 11. Februar 1946:[26]

„[...] Die Zahl der so von Krebsbach Ausgesuchten betrug ungefähr 500, während die Zahl der von Dr. Wolter und Dr. Entress Ausgesuchten, und von mir zur Gaskammer geführten Häftlinge 3.000 betrug [...]."*

Dann, am 12. Februar 1946:[27]

„Ich, Joseph Niedermayer, geboren 11. April 1920 in Salzburg, erkläre hiermit: Zu meiner Aussage vom 7. Februar 1946 habe ich Folgendes hinzufügen: Wann immer eine der Vergasungen stattfand, wie ich in meiner Er-

* SS-Standortärzte in Mauthausen, Nachfolger Krebsbachs nach seiner Versetzung

*klärung vom 7. Februar 1946 und meiner Zusatzerklärung vom 11. Februar 1946 geschrieben habe, hat der Apotheker Erich Wasicky und seit 1944 der Obersturmführer Gerber * das nötige Gas in einer Aktentasche zur Gaskammer gebracht und dort dem Hauptsturmführer Roth übergeben. Dies geschah immer erst nachdem die Russen, Polen, Tschechen usw., die vergast werden sollten, schon in der Gaskammer waren. Dann erst haben Wasicky, und 1945 Gerber, dem Roth die Büchsen übergeben. Ich habe dies zu wiederholten Malen zwischen 1942 und 1944 gesehen, wie ich die Gefangenen zum Vergasen gebracht habe. Diese Erklärung ist freiwillig und ohne Zwang gemacht worden. Sie ist meine Antwort auf die eine Frage des Vernehmungsoffiziers: ,Wer hat dann das Gas zu der Gaskammer gebracht?' Ich schwöre vor Gott, daß dies die Wahrheit ist.*
gez. Niedermayer Joseph"

Und schließlich die Aussage vom 21. Februar 1946 (handschriftliche Ergänzung Niedermayers):[28]

„Zwischen Oktober und Februar 1945 habe ich mehrmals einige hundert Kranke von Dr. Wolter zur Vergasung erhalten. Diese sind dann vergast worden. Von Februar 1945 an bis zum Ende habe ich dann entweder von Dr. Wolter selbst oder im April von Dr. Richter, insgesamt 1.400 Kranke, die zur Vergasung bestimmt waren, in täglichen Gruppen erhalten."

Die Aussagen von SS-Oberscharführer Andreas Trum (Arbeitsdienstführer) vom 8. und 9. Februar 1946:[29]

„[...] Im Lager Mauthausen gab es eine Gaskammer [...] In dieser Gaskammer wurden von 1943 bis 1945 die kranken, arbeitsunfähigen und untauglichen Häftlinge vergast [...], die Zahl ist sicher in die Tausend gegangen. Während der letzten 4 Wochen sind dann Kranke [...] vergast worden. Täglich sind so 150 Leute aller Nationalitäten [...] vergast worden."

SS-Obersturmführer Hans Altfuldisch, Zweiter Schutzhaftlagerführer** seit Herbst 1944, in seiner Aussage vom 9. Februar 1946:[30]

* Es handelt sich um den Elsässer Apotheker Gerard-Louis Gerber, französischer Offizier, SS-Freiwilliger, der nach dem Krieg ungestört in Cernay (Haut-Rhin) lebte, wo er vor kurzem verstorben ist. Am 11. Mai 1945 von den Amerikanern verhaftet, wurde er am 4. März 1946, laut einem deutschen Akt, an die französischen Behörden ausgeliefert. Vgl. ZSL IV, 419, AR 146/69, (97), S.123 (Köln, 130 Js 16/73, Z, 21. Mai 1973).

** Der Erste Schutzhaftlagerführer war Georg Bachmayer, der direkt dem Kommandanten des gesamten Mauthausenkomplexes, Franz Ziereis, unterstand.

„[...] Zur schnellen Ausrottung der Gefangenen gab es im Lager Mauthausen eine Gaskammer. Ich kann mich erinnern, die Vergasung von etwa 250 Männern und Frauen von russischer, tschechischer, und ungarischer Nationalität geleitet zu haben [...].“

Das folgende Zitat stammt aus einem Dokument des gleichen Prozesses, niedergeschrieben im Februar 1947:[31]

„[...] Vergasungen: [...] Mauthausen hatte [...] eine Gaskammer [...]. Die normale Vorgangsweise war es, täglich zwei Gruppen von 120 Personen zu vergasen, eine nach der anderen. Einmal wurden mehr als 200 Personen gleichzeitig vergast [...] Im April 1945 wurden etwa 3.000 Kranke unter dem Vorwand, sie in ein leeres Lager zu bringen, ausgewählt. 1.400 Personen aus dieser Gruppe wurden aber vergast (R 261, 445–6, 438). Im April 1945 wurden 367 Tschechen, davon 40 Frauen, gleich nach ihrer Ankunft vergast [...].“

Was die Vergasungen der „Kranken“ im April 1945 betrifft, so weisen die Zahlen R 261, 445–6, 438 auf drei Zeugenaussagen* hin, darunter auch die des SS-Manns Niedermayer, die oben erwähnt wurde. Eine andere Aussage war vom Krankenlagerschreiber Vratislav Busek, aus der ich bereits früher Auszüge veröffentlicht habe.[32] Dort wird darauf hingewiesen, dass in der zweiten Aprilhälfte des Jahres 1945 der SS-Standortarzt Dr. Wolter die Anweisung gab, im Sanitätslager** 3.000 Kranke zu selektieren, um sie ins Lager III zu überstellen. Ihre Zahl konnte letztendlich aufgrund der Bemühungen einiger Funktionshäftlinge (Sanitätsper-

---

* Als ich kürzlich in einen Teil der Prozessakten Einblick nehmen konnte, stellte ich fest, dass es sich nur um zwei Zeugenaussagen handelt: Die von Vratislav Busek (vgl. NA case n° 000–50–5, S.422–450) und die des Häftlingsarztes Dr. Josef Podlaha (vgl. NA case n° 000–50–5, S. 247–315).

** Oder Russenlager [vgl. MARŠÁLEK (1995): S.157ff], das sich unterhalb des Lagers befand und 10 Blocks auf einer Fläche von 8.000 m² umfasste. Es wurde gleich nach der Befreiung des Lagers zerstört, für das es ab 14. März 1943 als Hauptkrankenrevier gedient hatte, das 98% der Kranken beherbergte, d. h. mehr als 8.000 im März 1945. Innerhalb des Lagers gab es noch andere Häftlingsreviere (vgl. NA case n° 000–50–5, S. 247–315):

- den Block 5, Stube A, von Frühling 1942 bis 11. Jänner 1945;
- das neue Revier, das erst im Sommer 1944 den Betrieb mit nur 130 Betten aufnahm (heute ist dort das Museum untergebracht);
- außerdem zu verschiedenen Zeiten, bis 14. April 1943, den unheilvollen Block 20.

sonal und Lagerschreibstube) auf 1.819 reduziert werden, von diesen Häftlingen wurden 1.441 vergast.

Die Zeugenaussage des französischen Häftlings Maurice-Georges Savourey (†1950) scheint besonders bemerkenswert, da sie am 4. Mai 1945 in La Plaine, in der Nähe von Genf, aufgenommen wurde. Diese Aussage entstand unmittelbar nach seiner vorzeitigen Entlassung auf Vermittlung des Internationalen Roten Kreuzes, sogar noch vor seiner Rückkehr nach Frankreich, vor der Befreiung des Konzentrationslagers Mauthausen und noch vor Kriegsende.[33]

„[...] Am Tag der Abfahrt des ersten Rot-Kreuz-Konvois, am Samstag, dem 21. April 1945 wurden [von] 2.000 Menschen [...] etwa hundert, die schon nach dieser kurzen Strecke erschöpft waren, zur Gaskammer geführt und exekutiert [...]. Am Sonntag, dem 22., kamen 150 Menschen in die Gaskammer, am Montag, dem 23., erlitten 80 Menschen dasselbe Schicksal [...]. Am Dienstag, dem 24. wurden 180, alle Slawen, in zwei Gruppen vergast. Einer von ihnen war entkommen und lief frei durch das Lager, in Hemdsärmeln, taumelnd, und erreichte das Lager III, wo er von der SS und der internen Lagerpolizei aufgegriffen und zur Exekution in die Gaskammer zurückgebracht wurde. Etwa vierzig [Franzosen], glaubt man, wurden vergast [...].“

Aus dieser Aussage kann geschlossen werden, dass einige aufmerksame Häftlinge in Mauthausen angesichts der Vorgänge nicht nur über die Massenvergasungen, sondern auch über die Opferzahlen informiert waren. So wurde hier die Zahl der Vergasungsopfer für die Tage 21. bis 24. April 1945 mit ungefähr 510 angegeben, durchaus vergleichbar mit der Anzahl von 612 Opfern aus dem in Kapitel 1.6 beschriebenen Totenbuch.

Im Jahr 1988 (als die Erstfassung dieser Studie erschien, Anm. d. Ü.) waren noch zahlreiche Zeugen dieser dramatischen Ereignisse am Leben, wie zum Beispiel der Häftlingsarzt Armand Petchot-Baqué.

Hier erscheint es angebracht, auch mein eigenes Erleben einzubringen, obgleich ich damals als Häftling in Gusen I interniert war. Ohne recht daran zu glauben, hatten wir von der Abfahrt des Konvois des Internationalen Roten Kreuzes erfahren, der den Großteil unserer französischen und belgischen Kameraden und Kameradinnen mitgenommen hatte. Was uns betraf, mussten wir zuerst auf die Überstellung von Gusen nach Mauthausen warten, um dann vielleicht unsererseits vom Roten Kreuz übernommen zu werden. Eine durchaus plausible Hoffnung, aus all dem herauszukommen, begann um sich zu greifen. Diese Hoffnung war es auch, die es uns ermöglichte, jene Zeit kurz vor Kriegsende noch durchzustehen, eine Zeit, die für uns vor allem von hartnäckigem Hunger geprägt war, da wir nahezu keine Nahrung mehr bekamen.

Ich arbeitete damals im Elektrikerkommando. Während dieser letzten Apriltage des Jahres 1945 kam ein deutscher Kamerad dieses Kommandos, ein ehemaliges Mitglied der französischen Fremdenlegion, und überbrachte mir folgende Warnung: Zur gleichen Zeit, als einige unserer französischen Kameraden wahrscheinlich in die Freiheit weggeführt worden waren, seien andere Häftlinge aus der Gruppe der sogenannten Invaliden (im Lagerjargon „Muselmanen" genannt, Anm. d. Ü.) nur mit einem Hemd bekleidet aus dem Sanitätslager heraufgeführt und im Hauptlager vergast worden. Das wurde später durch zusätzliche Informationen bestätigt. Diese Nachrichten waren dramatisch, da wir immer schwächer und schwächer wurden und somit auch riskierten, selbst sehr schnell zu solchen Invaliden zu werden. Ich überbrachte diese Nachricht an die Verantwortlichen unserer französischen (natürlich geheimen) Widerstandsbewegung, die ich auch einzeln ansprach: Maurice Passard, Ange Gaudin, Père Jacques. Es wurde der gemeinsame Entschluss gefasst, diese Information unter unseren Landsleuten nicht weiterzuverbreiten, um sie nicht völlig zu verschrecken, zumal in Gusen I gerade Vergasungen stattfanden (vgl. 2.3) und in Gusen II hunderte Häftlinge erschlagen wurden.

Ich benachrichtigte auch zwei meiner ausländischen „Kontakte", Mitglieder des internationalen Widerstandskomitees, die für die Weiterleitung der von mir auf BBC empfangenen Informationen zuständig waren, damit sie eventuelle Hinweise auf ihre französischen Quelle vernichten konnten. In der Tat hatte ich, als Häftling seit Juni 1944 mit der Reparatur von Radiogeräten der SS beauftragt, unter immensen Vorsichtsmaßnahmen Bruchstücke dieser Radiosendungen empfangen können. Einer der beiden „Kontakte" war der Belgier Lucien Vanherle, der nur wenig später selbst ähnliche Informationen aus einer anderen Quelle erhielt und beschloss, gegenüber seinen Landsleuten dieselbe Haltung einzunehmen und sie nicht zu informieren. Der zweite war der Jugoslawe Georges Milikitch, den ich am Vorabend unserer Überstellung nach Mauthausen am 28. April 1945 informieren konnte. Ich kann daher bestätigen, dass ich zu dieser Zeit über die Vergasungen in Mauthausen sehr genau Bescheid wusste.

1.4 Vergasungen mit Beteiligung von SS-Obersturmführer Karl Schulze *

Ordnungszahl	Datum	Anmerkungen
2	29. 4. 1945	42 Häftlinge, wahrscheinlich Österreicher
7	März 1945	50 bis 60 Frauen
8	Frühjahr 1943	70 tschechische Frauen
9	8. 4. 1945	235, darunter 37 Frauen

Zwei dieser Vergasungen wurden schon anlässlich des Prozesses gegen Martin Roth (vgl. 1.2) behandelt:

Die Ordnungszahl 2 ist der Fall A.12 aus dem Roth Prozess. Die Opferzahl beträgt hier 42 statt 43, das hier angeführte Datum 29. April, das aus einer Veränderungsmeldung für den 28. April 1945 stammt, kann mit dem Erstellungsdatum des Dokuments erklärt werden, das im Regelfall einen Tag später geschrieben wurde. Es könnte sich aber auch um die Nacht vom 28. auf den 29. April 1945 handeln (vgl. 1.8.3).

Die Ordnungszahl 9 aus dem Prozess gegen Schulze entspricht dem Fall A.11 aus dem Verfahren gegen Roth.

Es bleiben somit zwei Vergasungsaktionen, die im Roth-Prozess noch nicht behandelt wurden: [34]

„Zahl 7 – […] Ermordung von 50 bis 60 Frauen in der Gaskammer des KZ-Mauthausen im März 1945.

Zahl 8 – […] Ermordung von mindestens 70 Tschechen (Frauen) in der Gaskammer des KZ-Mauthausen im Frühjahr 1943.

Nach dem Attentat auf Heydrich sollen als Vergeltungsmaßnahmen u. a. auch mindestens 70 tschechische Frauen in der Gaskammer durch ausströmendes Gas getötet worden sein. Die Tötung soll angeordnet gewesen sein. Der Beschuldigte Schulze soll als Leiter der Politischen Abteilung die Tötungsanordnung entgegengenommen und unter Bezeichnung der zu tötenden Opfer an

* Karl Schulze war Leiter der Politischen Abteilung im Konzentrationslager Mauthausen, also der Vertreter der Gestapo im Lager. Die hier präsentierte Aufstellung der Vergasungen und der Opferzahlen stammt aus dem Prozess, der 1964 gegen ihn verhandelt wurde. Vgl. ZSL IV, 419, AR, Z, 109/59, S.172, 175, 176, Landgericht Köln, Beschluss (24 JS 1599/158, Z, 9. Juni 1964, S.3, 6, 7).

das Lager weitergegeben haben. Er soll die listenmäßige Erfassung der Opfer angeordnet, und an Hand der Listen die Durchführung der Tötungsanordnung überwacht und ihren Vollzug an die anordnende Stelle gemeldet haben.“

1.5 Weitere Vergasungen laut Maršálek

Hans Maršálek, der als Zweiter Lagerschreiber in Mauthausen eingesetzt war und dem auch die Errichtung des Mauthausenarchivs zu verdanken ist, hat noch weitere Vergasungen beweisen können, die zu den bisher angeführten Morden (vgl. 1.2, 1.3 und 1.4) hinzugerechnet werden müssen.

„Am 26. Jänner 1943 wurden 15 tschechische Frauen in der Gaskammer getötet.“[35] Ihre Namen finden sich auf zwei Seiten des Verzeichnisses der unnatürlichen Todesfälle[36] (vgl. auch Anhang 5.1.2).

Für den April 1945 werden 532 weitere Opfer aufgelistet:

Datum	Opferzahlen
9.	113 Personen, großteils slowakische Widerstandskämpfer
15.	45 Russen, ehemalige Mitglieder einer SS-Sonderformation laut einer Liste[37], die am 15. April 1945 vom Bunker des Lagers ausgefertigt und von Niedermayer unterzeichnet wurde. Das waren jene Russen der Waffen-SS, die nach ihrer Revolte in Gusen I in die Bordellbaracke in Gusen eingesperrt worden waren. Diese Baracken waren durch die Einziehung der Zwangsprostituierten in die Waffen-SS freigeworden.
17.	250 nicht registrierte Gestapohäftlinge aus Wien (Gestapolager Maria Lanzendorf), großteils österreichische Antifaschisten (Männer, Frauen und Kinder), darunter Mitglieder der Widerstandsgruppe Strohmer. Es gibt dazu eine Zeugenaussage des einzigen Überlebenden aus der Gruppe Strohmer, Alfred Pollak, die jedoch nicht die genaue Anzahl nennt.[38]
21.	67 Häftlinge, darunter 15 Österreicher. 37 von ihnen wurden bei ihrer Internierung im Lager unter den Nummern 139.058 bis 139.094 registriert.[39]
22.	1 Häftling (zusammen mit 231 bereits erwähnten „körperschwachen“ Häftlingen)
24.	9 nicht registrierte Häftlinge (zusammen mit 347 bereits erwähnten „körperschwachen“ Häftlingen)
27.	40 Häftlinge (17 Deutsche, 14 Russen, 5 Jugoslawen, 4 Polen) laut Aufstellung der Exekutierten auf der Veränderungsmeldung vom 27. April 1945.[40]

27.	7 nicht registrierte Österreicher; ihre Namen scheinen auf einer Geheimliste auf, die auch die Namen der 40 anderen Häftlinge enthält, die an diesem Tag vergast wurden. Diese Liste wurde vom Häftling J. Vezelt gefunden und dem Mauthausenarchiv übergeben.[41] Sie beweist sehr deutlich die Vertuschungsversuche für die Vergasungen von „Zivilisten" in Mauthausen. Die österreichische Herkunft lässt sich nicht nur für die eben genannten sieben Opfer, sondern für alle 17 „reichsdeutschen" Häftlinge auf dieser Liste mit insgesamt 40 Namen nachweisen.

Insgesamt 547 zusätzliche Opfer können also für Jänner 1943 und April 1945 bewiesen werden.

1.6 Weitere Vergasungen laut Totenbuch*

Die amerikanischen Behörden besitzen seit 7. Mai 1945 das Original dieses Totenbuchs (vgl. auch 5.1.1); eine Mikrofilmkopie dieses Dokuments wird im Archiv Museum Mauthausen im Bundesministerium für Inneres in Wien aufbewahrt.[42]

Die Überprüfung dieses Mikrofilms bringt zu Tage, dass neben den zahlreichen Todesfällen, vor allem im Sanitätslager (SL), eine große Anzahl von Todesfällen für den Zellenbau (Lagergefängnis mit nur wenigen Zellen) registriert wurden. Es findet sich immer wieder der handschriftliche Vermerk „GAZ".[43] Es handelt sich hier um die einzige direkte Erwähnung von Vergasungen in den Dokumenten der Lager-SS. Folgende Verteilung dieser Vergasungen auf die Tage vom 22. bis 25. April 1945 kann erstellt werden:

Datum	Bemerkung „SL"	Bemerkung „im Zellenbau, GAZ"
22.4.1945	84	147
23.4.1945	107	–
24.4.1945	84	263
25.4.1945	118	202
Insgesamt	**393**	**612**

* Diese Aufstellung der Vergasungen wurde dem Totenbuch des SS-Standortarztes entnommen und betrifft die Tage vom 22. bis zum 25. April 1945.

Es ist aber keinesfalls sicher, dass sich durch die Bemerkung „GAZ" jeder weitere Vertuschungsversuch erübrigt. Man kann nicht ausschließen, dass ein Teil der Toten mit dem Vermerk „SL", besonders die vom 23., aber auch jene der übrigen Tage des April 1945, in der Gaskammer verstorben sind. Daher ist die Opferzahl von 612 Vergasten eine Minimalschätzung für diese Periode. Bei der Erwähnung dieser Vergasungen am Ende des Kapitels 1.3.2 kann man aus der Zeugenaussage von M.-G. Savourey entnehmen, dass die Registrierung der Todesfälle nicht unbedingt am Tag nach dem Todesfall vorgenommen wurde. Diese Registrierung konnte sich über mehrere Tage oder noch längere Zeitspannen hinziehen, was auch für andere Fälle bewiesen werden kann.

1.7 Dokumente zur Lieferung des Zyklon B nach Mauthausen

Wie die folgenden Dokumente beweisen, waren verschiedene Firmen mit der Lieferung von Zyklon B nach Mauthausen beauftragt.

Laut einem Dokument, das in Teilen die Aussage des SS-Obersturmführers Heinrich Eisenhöfer (Wach- und Lagermannschaft des KLM) vor US-Behörden enthält, war auch die Linzer Schädlingsbekämpfungs- und Desinfektionsfirma Slupetzky* dafür zuständig.[44]

„[...] Das im Konzentrationslager Mauthausen erforderliche Giftgas Zyklon B wurde von einer Frankfurter Firma und, wenn diese gerade zur Lieferung außerstande war, von der Firma Slupetzky in Linz bezogen. Das Gas, das in Dosen verschlossen war, wurde sofort nach Ankunft in die Lagerapotheke gebracht [...]."

Anton Slupetzky nahm selbst an den Versuchen zur Feineinstellung der Mauthausener Gaskammer teil, zumindest bei jenen, die mit Ratten durchgeführt wurden. Er war auch an den Vergasungen in Gusen beteiligt (vgl. 2.2).

Das Zyklon B, das seine Firma lieferte, wurde anderweitig produziert, nämlich in den „Kaliwerken" in Kolin. Ein Dokument bestätigt für 1941 die Lieferung von 1.000 Kilogramm.[45] Das Muster, das im Nürnberger Prozess verwendet wurde, war eine 200 Gramm Dose aus eben jenen Kaliwerken. Ein Foto dieser Dose wurde veröffentlicht.[46]

---

* Leiter dieses Unternehmens war der SS-Obersturmbannführer Anton Slupetzky.

Im Protokoll der „Blausäure-Tagung“ vom 27./28. Jänner 1944 in Frankfurt am Main kann man sowohl die Namen Anton und Heinrich Slupetzky wie auch die Namen der Vertreter der Firma Degesch (Frankfurt), Heerdt-Lingler (Frankfurt), Tesch und Stabenow (Hamburg), Dessauer Werke und IG Farben Industrie lesen. Bei dieser Tagung wurde die Zusammenarbeit der Blausäurefabrikanten mit der „Aktion Brandt“ (oder T.4) besprochen.[47]

Andere Dokumente beziehen sich auch auf die Lieferung von unbekannten Mengen Zyklon B aus den Kaliwerken über die Firmen Degesch (1942/43)[48] und die Firma Heerdt-Lingler (1941 und 1943)[49]. Ein Brief von Heerdt-Lingler, der die Lieferung von 240 Kilogramm Zyklon B am 7. Juli und am 12. November 1942 erwähnt[50], wurde von mir bereits veröffentlicht.[51]

Auch für die SS-Apotheke liegen Dokumente über die Zyklon B Lieferung nach Mauthausen vor: Es wurde für die SS-Apotheke angeliefert, wo es gelagert und als Desinfektionsmittel und für die Gaskammer ausgegeben wurde. Der letzte Kapo der SS-Apotheke, Karel Nosek, spricht von Zyklon B Lieferungen noch bis zum Ende, also bis April 1945.[52]

1.8 Die zwei Roth-Kommandos und das Ende des Betriebs der Gaskammer

1.8.1 Die Mitglieder des ersten Kommandos

Die meisten Häftlinge des ersten Krematoriumskommandos konnten ihre Zeugenaussagen ablegen. Der wichtigste Zeuge in diesem Zusammenhang war Johann Kanduth, Kapo jenes Kommandos und als Kapo auch der Nachfolger von Franz Susok, der 1943 ins Nebenlager Ebensee überstellt und dort 1945 erschossen worden war. Seine Aussagen scheinen in den meisten Prozessakten auf. Zusätzlich konnte Hans Maršálek zahlreiche Interviews mit ihm führen (12. Dezember 1981, 26. Jänner und 9. März 1982).[53] Bei der Inbetriebnahme des ersten Krematoriums 1940 trat Kanduth als Heizer in das Kommando ein und wurde auch Zeuge der Errichtung der Gaskammer durch Häftlinge, während Anton Slupetzky die Versuche zur Feineinstellung überwachte. Er sprach auch das Fliesenlegerkommando an, dessen Kapo Rudolf Seiler war. Es war die Schlosserei des Lagers, in der die Apparatur zur Einleitung des Zyklon B mit folgenden Maßen gebaut wurde:

Länge 60 bis 80 Zentimeter, Höhe 30 bis 40 Zentimeter, Tiefe 15 bis 20 Zentimeter (s. Abb. 2).

Das Krematoriumskommando bestand zu Beginn aus zwei Leichenträgern, Albert Tiefenbacher und Johann Polster, deren Zeugenaussagen auch in den verschiedenen Prozessakten enthalten sind (aus dem Roth-Prozess, und, in Bezug auf Tiefenbacher, auch schon für den Nürnberger Prozess[54]). Schließlich wurden noch Leon Branny und Ignacy Bukowski als Heizer des Krematorium-Ofens in dieses Kommando zugeteilt.

Leon Branny hat ein Buch veröffentlicht, in dem er die Vergasungen beschreibt, die vor seiner Überstellung in ein polnisches Gefängnis am 7. Mai 1942 stattfanden.[55] Er gibt an, dass im Leichenkühlraum bis zu 600 Leichen gelagert werden konnten. Er war auch als Schreiber des Kommandos eingesetzt und musste somit täglich die Zahl der verbrannten Leichen auflisten; die Position des Schreibers übernahm später Ignacy Bukowski und danach Wilhelm Ornstein.

Tadek Lewicki ersetzte dann Leon Branny als Heizer. Gemeinsam mit Jean Gavard machte ich am 10. Mai 1980 Tonbandaufnahmen von den Aussagen Bukowskis und Lewickis.[56] Sie machten noch ergänzende Aussagen über den Standort der Verbrennungsöfen und der Gaskammer. Ihre Aussagen wurden im folgenden Jahr (August 1981) durch meine Einsichtnahme in die Akten des Roth-Prozesses bestätigt.

1.8.2 Die zweite Periode

Im August 1944 ersetzten polnische Juden die Leichenträger und später auch die Heizer. Besonders hervorzuheben sind dabei die Häftlinge Wilhelm Ornstein und David Zimet, denen wir zahlreiche Zeugenaussagen über die Vergasungsaktionen bis Ende April 1945 verdanken. Beide konnten sich, wie auch Johann Kanduth, am 3. Mai 1945 im Revier des Lagers verstecken, als mit Maschinenpistolen bewaffnete SS-Männer die fünf Häftlinge des Gusener Krematoriumskommandos vor dem Leichenkühlraum erschossen, darunter auch dessen Kapo Schwindemann. Der Betrieb der Öfen Nr.1 und Nr.3 wurde nach Verbrennung der Akten aus der Kommandantur endgültig eingestellt.

Anfang April 1945 wurde der amerikanische Leutnant Jack H. Taylor (Mitglied des militärischen US-Geheimdienstes OSS, der nach seiner Ergreifung durch die Gestapo nach Mauthausen überstellt worden war) beim Bau des dritten (Doppel-) Ofens eingesetzt.[57] Dessen Inbetriebnahme erhöhte die tägliche Verbrennungskapazität auf 150 bis 190

Leichen, wie auch Ornstein anführte.[58] Dadurch wurde auch die Bildung des zweiten Krematoriumskommandos, bestehend aus sechs jüdischen Häftlingen, notwendig.

Dieses zweite Kommando wurde gemeinsam mit dem Häftling Jurist (Mitglied des ersten Kommandos) nach der Verbrennung der fünf erschossenen Häftlinge des Gusener Kommandos selbst nach Gusen überstellt, wo die Männer nahe des Krematoriums erschossen wurden.[59]

Die Ermordung der Krematoriumskommandos erfolgte auf einen geheimen Befehl hin, wie auch Ziereis in seinem Geständnis anführte:

*„[...] Der Gruppenführer Glücks war derjenige, der den Befehl gegeben hat, diejenigen Häftlinge, die im Krematorium Mauthausen arbeiteten, nach Gusen zu senden, um sie dort mit Genickschüssen zu erledigen, darum weil sie schon in Auschwitz im Krematorium gearbeitet haben und Auskunft geben konnten. * Es war ein geheimer Befehl, daß das Krematoriumskommando jede 3. Woche zu erschießen ist** [...].“*

Die letzte Vergasungsaktion fand am 28., vielleicht sogar in der Nacht vom 28. auf den 29. April 1945 statt. Da ich mit fast allen anderen Franzosen aus Gusen I am Nachmittag des 28. April nach Mauthausen zurück überstellt worden war, erinnere ich mich genau an die etwa zehn „Zivilisten“, Männer und Frauen, die entlang der Mauer rechts neben dem Lagertor standen und in der Nacht verschwanden ...

* In Wirklichkeit fand diese Hinrichtung der sechs Häftlinge aus Auschwitz-Birkenau, die am 5. Jänner 1945 nach Mauthausen überstellt worden waren, am 5. April 1945 in Anwesenheit von Eigruber in Mauthausen statt (Fall C 75 des Roth-Prozesses). Ihre Namen sind bekannt (vgl. PMO, Sonderheft: Auschwitzhefte, 1972, S.44). Es handelte sich um fünf Mitglieder des Sonderkommandos, der sechste hatte unter dem SS-Arzt Dr. Horst Schumann gearbeitet, einem T.4 Experten und ehemaligen Leiter der Euthanasieanstalt Sonnenstein-an-der-Pirna. Er war ein Spezialist für Sterilisationen mittels Röntgenstrahlen und wurde auf Befehl von Viktor Brack (Kanzlei des Führers) als einer der Leiter der T.4 in Auschwitz bestimmt. Einer seiner Berichte vom 29. April 1944 war an Himmler gerichtet, der aber schließlich seine Sterilisationsmethode ablehnte, da diese weniger schnell und auch teurer war als ein chirurgischer Eingriff von etwa sechs bis sieben Minuten. Nach dem Frühling 1944 wurde Schumann auch anlässlich einer Urlaubsreise in Hartheim gesehen (vgl. KLEE (1983): S.98ff).

** Wie Ziereis angab, sei dieser Befehl, außer zu Kriegsende, nicht ausgeführt worden.

1.8.3 Die Zerstörung der Gaskammer

Am 29. April 1945 beseitigten SS-Männer die technischen Installationen der Gaskammer. Der Mauerdurchbruch, also die Verbindung zwischen der Gaskammer und der „Gaszelle", in welcher der Vergasungsvorgang ausgelöst wurde, wurde zugemauert und verfliest, die Gaszuleitung mit dem Längsschlitz wurde ebenfalls entfernt.

Es ist bekannt, dass Mauthausen einige Tage später (am 5. Mai 1945) von einem Spähtrupp der 11. Amerikanischen Panzerdivision unter Sergeant Albert J. Kosiek befreit wurde. Kosiek wurde als erstem „Besucher" die Gaskammer gezeigt. 1955 veröffentlichte er seine Erinnerungen daran in der Zeitschrift „Thunderbolt" (1955), herausgegeben von Veteranen dieser Division:[60]

„[...] Man zeigte uns dann, wo die Leute vergast worden waren und die großen Öfen, in denen ihre Leichen verbrannt worden waren [...]. Bei der Vergasung von Frauen und Kindern wurde ihnen gesagt, daß sie duschen würden. Die Deutschen gaben ihnen Handtuch und Seife. Nach ihrem Eintreten in den Duschraum wurde dieser nur eine Minute mit Wasser versorgt, während das Gas durch die Rohre, die sich weiter unten an der Mauer befanden, eingeleitet wurde [...].“

Colonel Richard R. Seibel, Divisionskommandant dieser Befreiungstruppen, schrieb 1980 seine Erinnerungen an das Konzentrationslager Mauthausen nieder, das er am 6. Mai 1945 erstmals betreten hatte: *„[...] Ich habe die Gaskammer [...] und den Hinrichtungsraum, wo die Häftlinge erhängt oder erschossen wurden [gesehen].“* *

Es sollten noch die Aussagen von drei Offizieren bzw. Unteroffizieren dieser Einheit erwähnt werden, die am Tag nach der Befreiung, also am 6. Mai 1945 mit dem Hauptkontingent der Truppen ankamen und sich sofort zu den Schauplätzen begaben. Es handelte sich um Major Hayden Estey, den Photographen Basil A. Jackson, beide von der „Public Relations Division", und um Major L. Rieger, einen tschechoslowakischen

* Text im Besitz des Autors. Dieser Text wurde mir von P. J. Dobias übergeben, Seibels Übersetzer in den Befreiungstagen. Nachdem ich einige kleine Datumsfehler gefunden hatte, teilte ich das Dobias und der seinerseits Seibel mit (besonders sein Ankunftsdatum). In seiner Antwort vom 25. Jänner 1981 teilte mir Dobias mit, dass Seibel die Fehler korrigiert hatte, was auf die älteren Versionen dieses Textes, die sich im Besitz der Universität Wien und von Hans Maršálek befinden, nicht zutrifft.

Verbindungsoffizier. Sie erklärten in ihren Aussagen, dass sie *„zu einem Raum geführt wurden, der als Kammer, in der die Leute durch Gas getötet wurden, beschrieben wurde, und auch ins Krematorium“.* [61]

Die Gaskammer von Mauthausen (mit Ausnahme der entfernten Installationen) ist heute Teil des Museums der KZ-Gedenkstätte Mauthausen und öffentlich zugänglich.

1.9 Gesamtopferzahl für die Gaskammer von Mauthausen

Unter Berücksichtigung der Opferzahlen aus den Kapiteln 1.2, 1.3, 1.4, 1.5 und 1.6 erlaubt die Analyse in Anhang 5.2 eine Gesamtzahl von **3.455 Opfern** festzusetzen. Diese Zahl liegt sehr nahe bei den Opferzahlen von SS-Oberscharführer Niedermayer, der von 3.500 bis 4.000 Vergasten sprach, und stellt auf jeden Fall nur eine Minimalschätzung dar.

2 VERGASUNGEN IM NEBENLAGER GUSEN

2.1 Vergasungen in den Häftlingsbaracken

Das Nebenlager Gusen, das ab der Gründung des Lagers Gusen II am 9. März 1944 als „Gusen I" bezeichnet wurde, war der Schauplatz von fallweisen Vergasungsaktionen innerhalb der Häftlingsbaracken. Ganz in der Nähe des Krematoriums gab es in Gusen eine Baracke, die durch eine Trennwand in zwei Teile geteilt worden war. In einem Teil befanden sich die Duschen, im anderen ein Desinfektionsraum, in dem die Raumtemperatur stark erhöht werden konnte. Darüber hinaus wurde eine kleine Desinfektionsstation mit ungefähr 100m^3 Volumen neben dem Appellplatz zwischen dem Küchenblock und dem Block 7 errichtet. Zur Desinfektion von Kleidung wurde bereits Zyklon B verwendet, wie die Anweisungen von Dr. Krebsbach beweisen.

2.2 Die Vergasung sowjetischer Kriegsgefangener (SU.Kgf.)

Am 2. März 1942 wurden kranke sowjetische Kriegsgefangene in der Stube B von Block 16 (Quarantänerevier) während der Desinfektion des Blocks mit Zyklon B ermordet. Diese von der Gusener SS angeordnete Vergasung wurde vom Eigentümer einer Desinfektions-Firma aus Linz, dem bereits erwähnten Anton Slupetzky, geleitet.*

Anton Slupetzky wurde in einem Gerichtsverfahren zwischen 28. Juli und 12. August 1947 vor einem US Militärgerichtshof verurteilt, wie ein Dokument beweist, in dem mehrere Zeugenaussagen zu finden sind.[1]

Besonders wichtig sind in diesem Zusammenhang die Aussagen von folgenden Personen:

- Jan Kaminski, *„[...] der erklärte, daß der Angeklagte die Desinfektion des Lagers Gusen Mitte März 1942 vorgenommen hatte; daß ungefähr 160 russische Kriegsgefangene in Block 16 vergast wurden [...], daß der*

* Im Zuge der Zeugenaussage von Dr. Goscinski im Altfuldisch-Prozess gibt Rudolf Fiegl, seit Februar 1942 Kapo der Desinfektion von Gusen, an, dass er Zyklon B-Dosen in seinen Besitz gebracht hat. Vgl. NA case n° 000–50–5, S.2511.

Lagerkommandant SS-Hauptsturmführer Chmielewski, Vorgänger von Seidler [...] frei weg erklärt hatte, daß er den Block 16 von seinen Insassen, den Flöhen und Läusen desinfizieren würde; und nach der Vergasung half er, der Zeuge, die Leichen der toten Russen von Block 16 zum Krematorium zu transportieren [...]." Jan Kaminski erklärte weiters, dass die Vergasungsaktion gegen 10 Uhr morgens begann, in dem Augenblick als an der Tür die Aufschrift „Achtung Gefahr, Blausäure" zusammen mit dem Firmennamen Slupetzky angebracht wurde. Er selbst befand sich inzwischen im Block 23, nur wenig entfernt von Block 16[2], und musste auch bei der Beseitigung der Leichen helfen.

- Josef Kowalski, der sich beim Waschraum des benachbarten Block 15 aufhielt, hörte den Angeklagten, als er von Block 16 zurückkam, sagen, dass die ersten Russen in einigen Stunden tot sein würden. Am nächsten Morgen sah er einen Wagen, mit dem die Leichen aus dem Block 16 zum Krematorium gebracht wurden.[3]
- Der Angeklagte Anton Slupetzky erklärte, dass *„[...] die zweite Desinfizierung in Gusen im März 1942 stattfand [...], daß er und sein Assistent Fischer das Gas in den rechten Teil des Blocks 16, der in zwei große Stuben unterteilt war, einließen [...], daß, als er sich gegen die SS, die Häftlinge in die mit Gas gefüllte Stube brachte, auflehnte, man ihm antwortete, daß er soeben Häftlinge vergast hätte und man zeigte ihm durch das Fenster die bedeckten Leichen in der rechten Stube [...].*"
- Jener Assistent Leopold Fischer, seit 1939 Angestellter der Firma Slupetzky, gab folgende Erläuterungen: Block 16 (Fenster und Kamin) wurde von einer Gruppe von Häftlingen während einer Generaldesinfektion des Lagers abgedichtet. Slupetzky und er selbst hatten vier oder fünf Dosen Zyklon B in eine Stube gestellt, dann ihre Gasmasken aufgesetzt und die Dosen geöffnet. Ihren Inhalt leerten sie in der Nähe der Eingangstür aus. Auf den Außentüren waren Totenköpfe, die Aufschrift „Giftgas" und der Firmenname Slupetzky angebracht. Etwa 50 SS-Männer waren anwesend.[4]
  Es wird dann festgestellt: *„[...] Hinreichende Zeugenaussagen [...]. Angesichts der Reichweite und der Natur seiner Beteiligung, muß ihn der Gerichtshof [...] schuldig sprechen.*"
- Emil Samek, ehemaliger Häftling, hat am 20. November 1969 ausgesagt, dass

*„[...] ich der Meinung bin, daß auch der Sohn des Slupetzky * zumindest fallweise anwesend war. Jedenfalls waren neben Slupetzky mindestens zwei*

lagerfremde Zivilisten tätig [...] [als] ich sehen konnte, wie man die Fenster des Blocks 16 von außen abgedichtet hat [...]. Am nächsten Morgen sah ich, daß vor dem Block 16 massenweise nackte bzw. zum Teil nackte Leichen lagen [...]. Gesprächsweise hat man dann gehört, daß man bei dieser Aktion ein neues Gas, angeblich das Zyklon B, erprobt habe [...]."[5]

Diese Vergasung war Gegenstand mehrerer Berichte. Insbesondere sind zwei Berichte polnischer Zeugen zu nennen, die diese auch veröffentlicht haben: Jene von Zbigniew Wlazowski und Jerzy Osuchowski, Blockschreiber jener Baracken, die für die sowjetischen Kriegsgefangenen zur Quarantänestation umgewandelt worden waren.[6] Osuchowski berichtet[7], dass 164 dieser Häftlinge im Block 16 vergast wurden.[8] Er erzählt, dass er selbst am darauf folgenden Tag nach der Entlüftung diesen Block betreten habe, und er gibt eine erschütternde Schilderung dessen wieder, was er gesehen hat. Die sowjetischen Kriegsgefangenen in diesem Block trugen nur ihre Unterwäsche. Das war auch der Grund dafür, dass es dem Häftling Dimitri Lukijantschuk, der im Gegensatz dazu wie ein Häftling des Stubendienstes gekleidet war, gelang, in dem Moment als die Ärzte und Pfleger den Block 16 verließen, zu entkommen.

Jerzy Osuchowski hält fest, dass die Registrierung dieser Todesfälle, die alle als „natürliche" Todesfälle getarnt worden waren, auf mehrere Tage verteilt wurde. Hans Maršálek konnte aus dem Totenbuch der sowjetischen Kriegsgefangenen (vgl. Anhang 5.1.3) mehr als 200 Häftlinge erarbeiten, die für den 2., 4., 5. und 7. März 1942 als verstorben registriert worden waren.

Man kann also davon ausgehen, dass 164 die plausibelste Opferzahl für die Vergasung der SU.Kgf. am 2. März 1942 darstellt.** Auf dieselbe Zahl kommt auch Stanislaw Dobosiewicz, Autor dreier Bücher über Gusen.[9] Es war kein Zufall, dass die Anweisungen von Dr. Krebsbach vier Tage vor dieser Vergasung gegeben wurden (Vgl. Anm. S.99).

* Es handelt sich dabei um den schon in 1.7 erwähnten Heinrich Slupetzky, dessen Unternehmen immer noch in Linz beheimatet ist.

** Ein geheimer Bericht der amerikanischen Armee weist auf diese Zahl hin, aufgrund der am 5. Dezember 1944 stattgefundenen Vernehmung eines deutschen Kriegsgefangenen, Alfred Molke, der am 3. November 1944 gefangengenommen wurde. Molke, von 1940 bis Dezember 1942 selbst Häftling in Gusen, war an dieser Vergasung beteiligt. Er hatte selbst die Giftgasbehälter in die Baracke der sowjetischen Kriegsgefangenen geworfen. Vgl. RATHKOLB (1985): S.24.

2.3 Die Vergasung von „Körperschwachen" im Block 31 des Gusener Reviers*

Die Darstellung dieser Vergasungsaktion wird durch einen Aktenauszug über den früheren Blockältesten von Block 14, Franz Lisberg, ermöglicht:[10]

*„[...] Am 21. und 22. April 1945 wurden in der Baracke 31 des KL Gusen I [...], auf Befehl des Schutzhaftlagerführers Fritz Seidler ** etwa 600 invalide Häftlinge, die nicht mehr arbeitsfähig waren, durch Gas getötet [...]."*

In Wirklichkeit handelte es sich um kranke Häftlinge, die im Block 31 selbst und im Revier selektiert worden waren und um „Invalide", die aus Block 14 (35 Opfer), Block 24 und anderen Baracken in den Block 31 gebracht worden waren. Unter ihnen waren auch zwei gesunde Häftlinge. Aufgrund des Geständnisses von Ziereis wurde schließlich 1965 gegen den ehemaligen Blockältesten Franz Lisberg ein Verfahren eröffnet. Er war zu diesem Zeitpunkt der letzte Überlebende jener fünf Personen, die in diesem Zusammenhang von Ziereis genannt worden waren:

*„[...] Auch von den 640 Häftlingen, die zuletzt in Gusen I auf Block 31 durch die deutschen Häftlinge Fiegl und Amelung [schon verstorben] und Lisberg (letzterer war Blockältester des Blocks 15 ***) auf Befehl des Schutzhaftlagerführers SS-Hauptsturmführer Fritz Seidler und Rapportführer Michael Killermann vergast wurden, weiß ich nichts. Die Häftlinge [...], die diese Vergasung durchgeführt hatten, mußten diese Vergasung durchführen, sie würden, falls sie es nicht tun, nicht mehr aus dem Lager herauskommen."*

Der Text in den Akten über Lisberg setzt folgendermaßen fort:[11]

„[...] Um Platz für die neu aufzunehmenden Häftlinge zu schaffen, sollte das Lager vom 'Ballast' der Invaliden, nicht mehr Arbeits- und Einsatzfähigen befreit werden. Aus diesem Grunde ordnete [...] Seidler – vermutlich im Einvernehmen mit [...] Ziereis – an, die nicht mehr arbeitsfähigen Häftlinge des Lagers auf Block 24 [...] zusammenzulegen. Die invaliden Häftlinge wurden dann von Block 24 auf den Revierblock 31 verlegt [...] der als behelfsmäßige Vergasungsstätte eingerichtet gewesen sei. Er [Lisberg], habe wie befohlen, die 35 Häftlinge dorthin geführt und sie dem Revierkapo

* In der Nacht vom 21. auf den 22. April 1945.

** SS-Hauptsturmführer Fritz Seidler, Kommandant von Gusen 1943–1945, Nachfolger von Karl Chmielewski.

*** In Wahrheit war er Blockältester von Block 14.

übergeben. Die Häftlinge seien anschließend vergast worden. Die Vergasung habe der Häftling Fiegl vorgenommen [...]."

Es handelte sich dabei um den Kapo der Desinfektion in Gusen, Rudolf Fiegl, der wegen dieser Vergasung 1946 im großen Mauthausen-Prozess in Dachau (vgl. 1.3.2) verurteilt wurde. In den betreffenden Akten heißt es dazu:[12]

„*[...] In seiner Zeugenaussage * gibt er zu, auf Befehl an der Vergasung von ca. 600 Russen, Polen und Personen anderer Nationalitäten teilgenommen zu haben [...].*"

Einer der im Lisberg-Akt zitierten Zeugen, Stanislaw Nogaj, hat in einer von Dobosiewicz überlieferten Aussage erklärt, wie Fiegl, nachdem er den Block mit den Zyklon B Dosen betreten hatte, Probleme hatte diesen wieder zu verlassen, da einige der kräftigeren Häftlinge versuchten, ihm seine Gasmaske herunterzureißen.[13]

Im Lisberg-Akt wird noch Folgendes erwähnt:

„*[...] Mit den invaliden Häftlingen sind auch zwei gesunde Häftlinge getötet worden. Es handelte sich um die polnischen Schutzhäftlinge Wladislaw Wozniak und Peter Grzelak. Diese waren aufgefallen, weil sie im Besitz einer Lageskizze waren, auf der die Frontlinien gemäß eines Wehrmachtsberichts vom Vortage eingezeichnet waren. Sie wurden [...] zum Block 31 gebracht und gemeinsam mit den übrigen Häftlingen durch Gas getötet. Ihre Namen sind unter dem Datum des 22. April 1945 im Totenbuch von Gusen verzeichnet [...] Die Vergasung erfolgte an zwei aufeinanderfolgenden Tagen [...].*"

Die Berichte mehrerer in jenem Akt zitierter Zeugen wurden mit unterschiedlicher Schwerpunktsetzung veröffentlicht. Bei Zbigniew Wlazowski findet man die Bestätigung für die Selektion im Revier.[14] Er hob die Bemühungen der im Revier eingesetzten Häftlinge und besonders zweier polnischer Ärzte (Antoni Goscinski und Adam Konieczny) hervor, die sich der Vergasung der Kranken und der zwei Verurteilten Grzelak und Wozniak, die seit ihrer Verhaftung gefoltert worden waren, widersetzten. Alles was sie erreichen konnten, war jedoch eine Evipan-In-

* Er selbst hatte die Zyklon B Dosen gebracht. Kommandant Seidler hatte ihm erklärt, da nicht mehr genügend Benzin vorhanden war, um die Opfer – wie bis dahin üblich – mittels Herzinjektionen zu töten, sei beschlossen worden, sie auf dem Block zu vergasen. Vgl. NA case n° 000–50–5, S.2521 und ZSL IV, 419, AR 3424/65, S.415 und 8 (24 Js 33/65, Z, 1. Juni 1970, S.3) und (24 Js 33/65, Z, 16. November 1955, S.3).

jektion für letztere, sodass sie vor ihrer Überstellung auf den Block 31 einschliefen. Angesichts seiner Machtlosigkeit, diese Vergasungen zu verhindern, brachte sich Dr. Konieczny am Nachmittag des 24. April durch die Einnahme von Narkotika um. Um den Ermordeten die letzte Ehre zu erweisen, wurden die Leichen von Grzelak, Wozniak und Konieczny von den anderen Opfern getrennt verbrannt und ihre Landsleute machten aus ihrer Asche 200 kleine Würfel von je 1 cm^3, die viele von ihnen in ihr Heimatland mitnahmen. Ein Photo dieser Würfel wurde sogar von Wladyslaw Gebik veröffentlicht.[15]

Ich selbst habe persönliche Gründe, mich an dieses dramatische Ereignis zu erinnern; wie Osuchowski angab[16], stammten die Informationen bezüglich des Frontverlaufs unter anderem von jenen Häftlingen, die mit der Reparatur der Radioempfänger der SS beschäftigt waren. Einer dieser Häftlinge war ich selbst und obwohl ich nicht lange mit jenen beiden Polen in Verbindung gestanden hatte, musste ich aufgrund ihres Verhörs das Schlimmste befürchten.

Man muss hier betonen, dass die Vergasungsvorbereitungen im Lager nicht geheim gehalten werden konnten. Alle, die dazu beitragen konnten, bemühten sich, ihre Kameraden zu retten, indem sie bei den „prominentesten" Gefangenen* aller Nationalitäten intervenierten.

Osuchowski erzählte, dass man zuwenig Platz hatte, alle Häftlinge gemeinsam zu vergasen. Daher fanden die Vergasungsaktionen an zwei aufeinander folgenden Tagen statt.[17] Die in Block 24 selektierten Häftlinge mussten eine Zeitlang auf ihre Hinrichtung warten, während ihnen ihre Kleidung weggenommen wurde. Derselbe Osuchowski berichtete, wie es ihm gelang, 26 Häftlinge unterschiedlicher Nationalität zu retten, noch bevor die Überstellungsliste für den Block 31 aufgesetzt wurde.[18] Vorerst gelang es ihm, zehn der stärksten Häftlinge in den Block 17 zu schmuggeln, indem er dort den Blockältesten bestach. Weiteren sechszehn Häftlingen verschaffte er die Identität bereits verstorbener Häftlinge, deren Leichen vom Arbeitskommando „Kartoffelmiete" beseitigt worden waren.

* Insbesondere die Mitglieder des internationalen Widerstandskomitees, wie z.B. Francesco Albertini, späterer Minister und Vize-Präsident des italienischen Senates, Maurice Passard etc. Unter den Opfern befand sich auch einer meiner Kameraden aus dem NN-Transport, der uns am 3. April 1943 nach Mauthausen gebracht hatte, Pierre Bellouard, ein Widerstandskämpfer aus Bordeaux.

2.3.1 Die Zahl der Opfer

Die Zahl der Opfer dieser Vergasungen kann anhand des Totenbuches, das im Gusener Revier geführt und „Operationsbuch“ genannt wurde, bestimmt werden. Eine Analyse dieses Buches findet sich im Anhang 5.3.

Die erste Gruppe umfasste 330 Opfer, die am 22. April eingetragen wurden. Die Registrierung der 329 Toten aus der zweiten Gruppe wurde auf zwei Tage, den 22. und den 23. April 1945, aufgeteilt.

Die Gesamtzahl der Opfer beträgt somit 659. Sie stimmt mit der von Ziereis genannten und von Jerzy Osuchowski geschätzten Zahl von 640 Opfern überein. Darüber hinaus wurden auch im bereits erwähnten Lisberg-Akt ungefähr 600 Opfer genannt.

Es ist ausgeschlossen, die Vergasungsopfer mit den Opfern des Massakers von Gusen II, über das ich bereits berichtet habe[19], zu verwechseln. In Gusen I hatten ich und andere tatsächlich die Schreie der Opfer in Gusen II gehört und später auch ihre Leichen gesehen. Da der Krematoriumsofen überlastet war, wurden die Leichen, häufig mit eingeschlagenem Schädel, in den Waschräumen von Gusen I zwischengelagert.

Tatsächlich finden sich im „Operationsbuch“ für den Zeitraum vom 24. bis zum 29. April 1945 die Namen von 865 Toten, eine Zahl, die der Schätzung von Ziereis im Bezug auf die Opfer dieses Massakers sehr nahe kommt. Nur ein Monat nach diesem Ereignis sprach Ziereis das Massaker in Gusen II kurz vor seinem Tod bei seiner Befragung in Gusen I an.

2.4 Gesamtopferzahl der Vergasungen in Gusen

Die tatsächliche Gesamtzahl der Vergasungsopfer überschreitet 823 (164 + 659), da diese Zahl als Minimum betrachtet werden muss. Es gibt noch weitere, vereinzelte Informationen über zusätzliche Vergasungsaktionen in Gusen.

Anton Slupetzky hatte angeblich noch an der Vergasung von zumindest 50 Kranken teilgenommen.[20] Außerdem erklärte Zbygniew Wlazowski, ehemaliger Laborant im Revier, in zwei Artikeln, die in einer polnischen medizinischen Zeitschrift veröffentlicht wurden[21], Folgendes: Am 2. März 1942 wurde eine Lagerdesinfektion angeordnet, um eine Epidemie von Hautausschlag verursachendem Typhus zu bekämpfen, die sowohl die Häftlinge als auch die SS bedrohte. Daher wurden alle Blocks einschließlich der darin befindlichen Kleidungsstücke einen ganzen Tag lang mit Zyklon B desinfiziert. Die Häftlinge, die während dieser Zeit nackt im Freien blieben, mussten in einem starken Desinfektionsmittel baden. Die schwächsten 300 Häftlinge des Reviers wurden in Block 32 gepfercht, wo sie, wie die 160 sowjetischen Kriegsgefangenen in Block 16, vergast wurden.

In dem bereits erwähnten Dokument mit Bezug auf Anton Slupetzky ist noch von folgender Vergasung die Rede: [22]

„[...] Der Zeuge Geiger erklärte, daß im Jänner 1945, in Gusen II, 30 Häftlinge, hauptsächlich ungarische Juden getötet wurden, als der Block 16 vergast wurde. Er sah die Leichen, die nach der Vergasung aus dem Block heraus getragen worden waren [...].“

3 VERGASUNGEN IN SONDERWAGEN (GASWAGEN)

3.1 Vergasungen auf der Strecke Mauthausen – Gusen und zurück

Diese Vergasungen in Sonderwagen erfolgten auf der ca. 5 km langen Strecke zwischen Mauthausen und Gusen und zurück im „Pendelverkehr". Es ist bekannt, dass die Gaswagen besonders von den SS-Einsatzgruppen in den Ostgebieten nach der Invasion der Sowjetunion verwendet wurden.[1] Sie wurden aber bereits ab Dezember 1939 für die Ermordung von Kranken aus verschiedenen Krankenhäusern in Pommern, Ostpreußen und Polen eingesetzt.[2]

Im Urteil aus dem Prozess gegen den ehemaligen Häftling Josef Schöps, der ab Herbst 1941 Lagerältester des Quarantänelagers der „SU.Kgf." (Block 16 bis Block 19) und ab Herbst 1943 Erster Lagerältester des gesamten Lagers war, kann man lesen:[3]

„[...] Daß im Lager Mauthausen Vergasungen durchgeführt wurden, steht außer Zweifel. Sie erfolgten sowohl in der als Baderaum mit Brausen und Abläufen getarnten Gaskammer, als auch vorübergehend in einem Vergasungswagen. Bei letzterem handelte sich um einen luftdicht abgeschlossenen Kastenwagen, in dessen Inneres die Auspuffgase, möglicherweise aber auch andere Gase, geleitet wurden. Der Wagen soll teils im Pendelverkehr zwischen Mauthausen und Gusen eingesetzt worden sein, wo in beiden Lagern jeweils meist invalide Häftlinge eingeladen bzw. die nach der Fahrt toten ausgeladen wurden. Teilweise soll der Wagen auch nur im Lager Mauthausen solange gefahren sein, bis die Menschenfracht gestorben war und dann zum Krematorium gebracht werden konnte. [...] Die Auswahl sei ausschließlich von der SS getroffen worden, insbesondere vom Lagerarzt Dr. Krebsbach [...] In den Gaswagen seien nur Kranke aus den ihm nicht unterstehenden Revierblöcken 5 und 20 gekommen [...] Schöps habe nie Leute zur Gaskammer ausgesucht oder gemeldet, wohl aber zum Gaswagen [...]."

Auch Ziereis erwähnt in seinem Geständnis den Gaswagen:

„[...] Außerdem kursierte von Mauthausen nach Gusen ein spezielles Auto, wo während der Fahrt die Häftlinge vergast wurden. Das Auto hatte der Apotheker SS-Untersturmführer Wasicky eingerichtet. Ich selber habe nie Gas hineingetan, ich habe nur das Auto geführt. Ich habe aber gewußt, daß

die Häftlinge vergast wurden. Das Vergasen der Häftlinge geschah auf Drängen des Arztes SS-Hauptsturmführer Krebsbach [...]."

Zur Beteiligung von Ziereis findet sich aber eine andere Zeugenaussage:

Der Zeuge Orschler (von Herbst 42 bis Frühjahr 1943 Hilfsschreiber auf Block 17) erklärte, dass er selbst einmal mit dem Lagerkommandanten Ziereis (im Führerhaus des Gaswagens) nach Gusen gefahren sei. Ziereis habe einige Häftlinge zur Vergasung im Gaswagen bestimmt.[4]

Im Zuge des Mauthausen-Prozesses 1946 machte der tschechische Häftlingsarzt Josef Podlaha folgende Aussage, die hier in der Übersetzung eines bereits veröffentlichten Auszugs präsentiert wird:[5]

„*[...] Ich erinnere mich noch sehr gut an einen Wagen [der verwendet wurde, um Häftlinge zu vergasen] [...] [und] an folgende Begebenheit: In Block 19 [des Hauptlagers] gab es mehr als 200 an Tuberkulose erkrankte Personen. Eines Tages vor dem Abendappell war der Bus neben Block 16 geparkt; Ziereis, Dr. Krebsbach und der Apotheker Wasicky suchten 30 Kranke aus und ließen sie einsteigen [...] gegen Ende des Jahres 1942 [...].*"

3.1.1 Das Gusener Krematoriumskommando

Der Einsatz eines Gaswagens zwischen Mauthausen und Gusen setzte die Existenz eines Krematoriums in Gusen voraus: Dieses existierte seit Sommer oder sogar seit Jänner 1941, als in Gusen ein Doppelofen in Betrieb genommen wurde. Das Krematorium in Gusen unterstand in der Lageradministration derselben Abteilung wie das Krematorium in Mauthausen. Das wird durch ein Schriftstück bestätigt, das SS-Oberscharführer Krüger (Verwaltung des Krematoriums und Politische Abteilung des Lagers Mauthausen) an den SS-Unterscharführer Wassner, den Kommandoführer des Gusener Krematoriums, richtete.[6]

In Gusen befanden sich in der Nähe des Krematoriumsgebäudes unter freiem Himmel auch ein Galgen und eine Erschießungsmauer.

In diesem Kommando waren, zumindest in der Endphase, fünf Häftlinge, darunter der Kapo H. Schwindemann, eingesetzt. Oskar Wolf berichtet in seiner Zeugenaussage vom 13. März 1959 von der Überstellung dieses Kommandos per Auto nach Mauthausen, wo sie, wie man weiß, am 3. Mai 1945 ermordet wurden.[7]

3.2 Die zwei Typen der Gaswagen

Es wurden zwei verschiedene Typen dieser Gaswagen verwendet. Die einen wurden mit Auspuffgas (Kohlenmonoxid, CO) betrieben, die anderen mit Zyklon B, wie Ernst Martin, ehemaliger Schreiber des SS-Standortarztes in seiner Zeugenaussage vom 16. März 1966 festhält.[8]

3.2.1 Fahrzeuge für die Vergasung mit Auspuffgasen

Für diesen Gaswagen gibt es eine Zeugenaussage des Laboranten des Gusener Reviers, Gustav Rieger, der am 5. und 6. Oktober 1961 erklärte:[9]

„[...] Ich weiß aber auch, daß Dr. Krebsbach häufig Häftlinge in einem bestimmten Fahrzeug, das wie ein Autobus ohne Fenster aussah, ähnlich wie ein Gefangenentransportwagen, Häftlinge durch Auspuffgase hat töten lassen. Zumindest ein Mal habe ich gesehen, wie etwa 20 Häftlinge in dieses Fahrzeug verladen wurden und Dr. Krebsbach, neben dem Fahrer sitzend, mit diesem Fahrzeug wegfuhr. Von anderen Häftlingen hörte ich, daß dieses Fahrzeug von Mauthausen nach Gusen fuhr. Dort wurden die toten Häftlinge ausgeladen. Diese Tötungen wurden meines Wissens Ende 1941 – Anfangs 1942 in Mauthausen vorgenommen [...].“

In einem Akt der Zentralen Stelle in Ludwigsburg wird ein Brief des SS-Obersturmbannführers Walter Rauff (RSHA, Gruppenleiter II D) vom 26. März 1942 erwähnt, der an das Kriminaltechnische Institut (KTI) des RSHA gerichtet war.[10] In diesem Brief wurde festgehalten, dass der SS-Standortarzt in Mauthausen (also Dr. Krebsbach) ebenfalls einen Sonderwagen nach dem Vorbild der Gaswagen aus Rauffs Abteilung bestellt hatte.

Die Brief erlaubt auch bestimmte Rückschlüsse auf die Verbindungen zwischen jener Abteilung[11], welche die Gaswagen in Ostgebiete lieferte, und dem Konzentrationslager Mauthausen. Die am 30. Oktober 1981 vom Landgericht Wiesbaden beglaubigte Kopie dieses Briefes wird in Abbildung 5 präsentiert.

Die folgende Aussage betrifft zweifellos den Einsatz dieses Sonderwagens durch jenen SS-Chauffeur, der den Wagen selbst aus Berlin nach Mauthausen überführt hatte. Eines ist sicher: Dieser SS-Mann Prochno scheint nicht in der Standliste der Mauthausener SS-Männer auf, in der normalerweise alle Fahrer verzeichnet sind. Auch sein Rang eines SS-Oberscharführers war höher als der seines Chefs in Mauthausen, dem

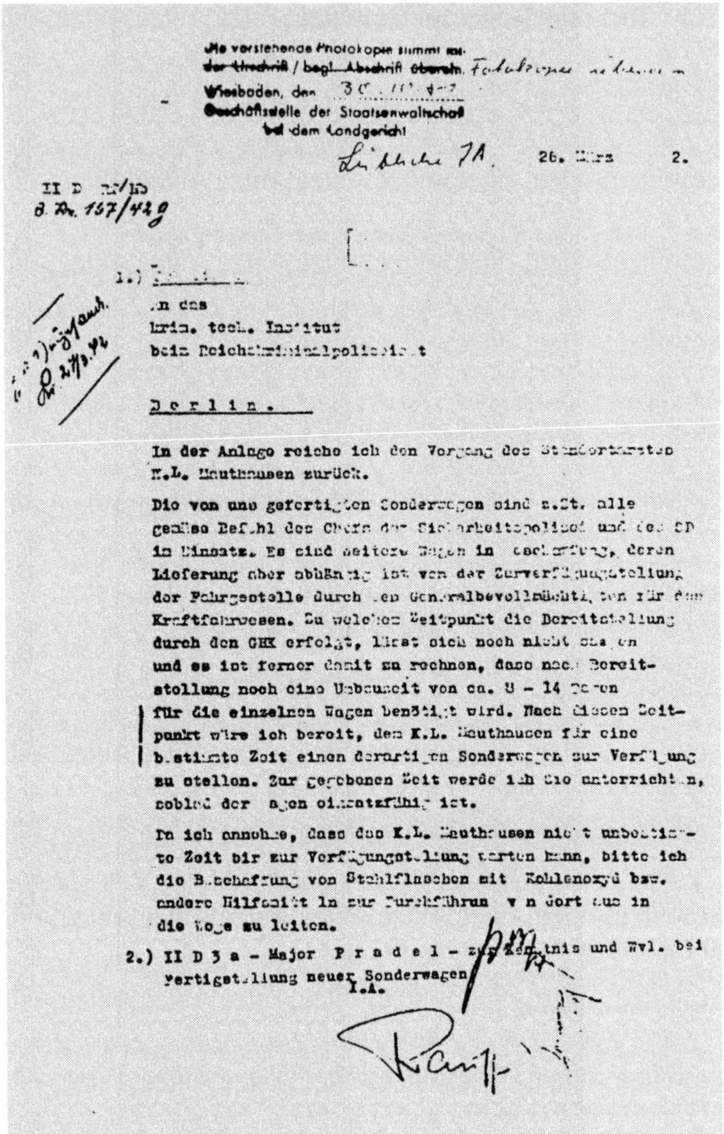

Die vorstehende Photokopie stimmt mit der Urschrift / begl. Abschrift überein.
Wiesbaden, den 30. ...
Geschäftsstelle der Staatsanwaltschaft bei dem Landgericht

26. März 2.

II D ...
B. Nr. 157/42 g

1.) ...

An das
Krim. tech. Institut
beim Reichskriminalpolizeiamt

Berlin.

In der Anlage reiche ich den Vorgang des Standortarztes K.L. Mauthausen zurück.

Die von uns gefertigten Sonderwagen sind z.Zt. alle gemäss Befehl des Chefs der Sicherheitspolizei und des SD im Einsatz. Es sind weitere Wagen in Bearbeitung, deren Lieferung aber abhängig ist von der Zurverfügungstellung der Fahrgestelle durch den Generalbevollmächtigten für das Kraftfahrwesen. Zu welchem Zeitpunkt die Bereitstellung durch den GBK erfolgt, lässt sich noch nicht sagen und es ist ferner damit zu rechnen, dass nach Bereitstellung noch eine Umbauzeit von ca. 8 – 14 Tagen für die einzelnen Wagen benötigt wird. Nach diesem Zeitpunkt wäre ich bereit, dem K.L. Mauthausen für eine bestimmte Zeit einen derartigen Sonderwagen zur Verfügung zu stellen. Zur gegebenen Zeit werde ich Sie unterrichten, sobald der Wagen einsatzfähig ist.

Da ich annehme, dass das K.L. Mauthausen nicht unbestimmte Zeit bis zur Verfügungstellung warten kann, bitte ich die Beschaffung von Stahlflaschen mit Kohlenoxyd bzw. andere Hilfsmittel zur Durchführung von dort aus in die Wege zu leiten.

2.) II D 3 a – Major P r a d e l – zur Kenntnis und Wvl. bei Fertigstellung neuer Sonderwagen.
I.A.
Rauff

Abbildung 5: Brief des SS-Obersturmbannführers Rauff bezüglich der Lieferung eines Sonderwagens nach Mauthausen

„Fahrdienstleiter" SS-Unterscharführer W. Steinmann. Am 4. August 1969 hat Steinmann folgende Aussage gemacht:[12]

„[...] Ich meine aber, daß der damalige SS-Unterscharführer Prochno erst nach 1942 zu uns stieß. Er wurde mir als Kraftfahrer zugeteilt. Wenn ich mich recht entsinne, kam dieser Prochno mit einem Fahrzeug von Berlin nach Mauthausen. Bei diesem Fahrzeug handelte es sich um einen Gefangenentransportwagen, welcher auch in einer gesonderten Garage einzeln abgestellt wurde [...]. Er trug den üblichen Wehrmachtsanstrich und führte ein Kennzeichen der Waffen-SS, welche zentral von Berlin ausgegeben wurden [...].

Auf besondere Fragen muß ich erwidern, daß ich auch heute noch meine, Prochno sei mit diesem Fahrzeug von Berlin aus versetzt worden. Meines Wissens hat diesen Wagen nie ein anderer Kraftfahrer der von mir geleiteten Fahrbereitschaft gefahren. [...] Ich meine, daß es sich bei diesem Fahrzeug um einem Mercedes gehandelt hat. Das Fahrzeug war nur ein sogenannter 1 1/2- bis 2-Tonner. Ich meine, daß das Führerhaus und der weiter rückwärtige Aufbau aus einem Stück zusammengefügt waren. Wir hatten noch mehrere von diesen Gefangenentransportwagen. Auch der von Prochno gefahrene Wagen hatte hinter dem Führerhaus noch ein Abteil mit einer weiteren Sitzbank für Begleitpersonal. Hinter diesem Abteil befand sich ein vergittertes Fenster zum rückwärtigen Laderaum. Rein äußerlich unterschied sich dieser Wagen nicht von den anderen Fahrzeugen dieser Art. Mir ist an diesem Fahrzeug nichts Auffälliges in Erscheinung getreten. Nach außen hin war das Fahrzeug vollkommen glatt. Es hatte also keine Fenster [...].

Ich wußte damals nicht und weiß auch heute nicht, was für eine Bewandtnis es mit diesem Fahrzeug und dem Auftrag des Prochno gehabt hat. Ich bzw. meine Kollegen von der Fahrbereitschaft müssen damals der Ansicht gewesen sein, daß sogenannte schwere Fälle von Gefangenen in diesem Fahrzeug transportiert worden sind. Mir ist heute vom Hörensagen bekannt, daß es sogenannte Gaswagen damals gegeben hat und wie diese technisch arbeiteten. Ich habe damals an dem von Prochno geführten Fahrzeug in dieser Hinsicht nichts feststellen können [...] Als Prochno von Berlin kam, war er meines Wissens schon SS-Oberscharführer [...]."

Der Brief von Rauff bestätigt, dass ein derartiger Gaswagen leicht gebaut werden konnte, indem man in Stahlflaschen abgefülltes Kohlenmonoxid (giftiger Bestandteil der Auspuffgase[13]) verwendet hatte, wie für die „Kaisers-Kaffee Transportfahrzeuge" der Euthanasie-Aktion (vgl. Studie 1, 1.1).

Die folgende Zeugenaussage ist ein Auszug aus der Aussage von Hans Kammerer, Blockältester von Block 16, aus dem auch Häftlinge für den Gaswagen selektiert worden waren:[14]

„[...] In das Jahr 1943 fiel der noch zu erwähnende sog. Pendelverkehr zwischen Mauthausen und Gusen. Es wurden im Lager Mauthausen invalide Häftlinge zusammengestellt, die man in einen luftdicht abgeschlossenen Wagen verlud. Der Wagen fuhr nach Gusen I. Der Wagen war so eingerichtet, daß das Auspuffgas des Wagens geteilt werden konnte. Ein Teil konnte dem Wageninneren, wo die Häftlinge waren, zugeleitet werden. Unter dem einströmenden Auspuffgas sind die Häftlinge umgekommen und in Gusen I ins Krematorium gebracht worden. In Gusen I waren bereits die nächsten invaliden Häftlinge schon zusammengestellt. Diese mußten nun die Fahrt nach Mauthausen antreten, wo sie wiederum tot ankamen und nun hier ins Krematorium gebracht wurden [...].

*Es ist mir auch in Erinnerung, daß der erste derartige Wagen, der nach Gusen wegfuhr, unmittelbar vor Block 16 gestanden war. Die Häftlinge, die in den Wagen gebracht wurden, stammten alle aus der Blockreihe, die Schöps unterstand, und zwar dürften sie aus Block 19 und 20 * gekommen sein. An sich handelte es sich um eine vom Lagerkommandanten durchgeführte Aktion [...].“*

3.2.2 Fahrzeuge für die Vergasung mit Zyklon B

Die Verwendung von Zyklon B für die Gaswagen scheint nur für Gusen und Mauthausen belegt zu sein. Diese Wagen dürften jedoch, abgesehen vom System zur Giftgaseinleitung, mit jenen mit CO betriebenen Gaswagen vergleichbar gewesen sein.

Hans Maršálek fasst in Bezug auf die Verwendung der Zyklon B Gaswagen die Zeugenaussage von Johann Kanduth zusammen, die er anlässlich seines letzten Interviews am 9. März 1982 aufgenommen hatte:

* Der Block 20 wurde manchmal als Revier, besonders aber als Sonderrevier während der Epidemien genutzt. In Wirklichkeit war dieser Block aber zur Vernichtung der Kranken bestimmt, diente teilweise auch als Quarantäne-Lager und wurde schließlich dem Bunker unterstellt. Im März 1944 wurde er durch eine Mauer und einen elektrischen Stacheldraht völlig vom Lager abgetrennt. Er ist auch unter dem Namen Todesblock bekannt und war der Schauplatz des Ausbruches der russischen Häftlinge im Februar 1945, der zur berüchtigten „Mühlviertler Hasenjagd“ führte. Vgl. MARŠÁLEK (1995): Kapitel XXII und S.266.

„[...] 2.) Kanduth beschrieb jenen Gaswagen, der im Frühjahr 1942 zwischen Mauthausen und Gusen hin- und herfuhr, und wo während der Fahrt Häftlinge getötet wurden. Kanduth behauptet, daß der Gaswagen wie ein Häftlings-Transport-Fahrzeug aussah, wie ein Polizei-Häftlinge-Transport-Fahrzeug. Daß der Gaswagen ungefähr 15 mal von Mauthausen nach Gusen und retour fuhr, daß es ein Kastenwagen war mit dunkelgrünem Anstrich und mit einem Seiteneingang. Es war kein Eingang rückwärts. Nach Ansicht des Kanduth wurden die Häftlinge nicht mittels Auspuffgasen, sondern mittels Zyklon B Gas ermordet. Die Leichen dieser Opfer hatten den gleichen Geruch wie die Leichen aus dem Gasraum. Deshalb nimmt Kanduth an, daß sie mit Zyklon B ermordet wurden.

3.) Kanduth ist weiters der Ansicht, daß der Mauthausener Gaswagen in der Mauthausener KZ-Schlosserei für den Vergasungsvorgang hergerichtet wurde. Das Gas wurde laut Kanduth während der Fahrt aus der Führerkabine in das Innere des Kastens hineingeworfen [...].“

Am 27. Mai 1975 hat Hans Maršálek ein Interview mit Frantisek Poprawka, dem ehemaligen Zentralschreiber des Sonderreviers von Mauthausen, in dessen Wohnung in Warschau aufgenommen:[15]

„[...] Dann kam eine Aktion. Das war auch im Jahre 1942. Das war die Gasmiene [Häftlingsausdruck für den Gaswagen, Anm. d. Ü.]. Das war ein Lastkraftwagen, der wurde verbaut [...] und wurde meistens vom Lagerkommandanten Franz Ziereis selbst gelenkt. Anfangs hat man auch nicht gewußt, was für einen Zweck das Auto besaß. Ich bekam den Auftrag zu dem Auto 30 Häftlinge, kranke, schwerkranke Häftlinge zu führen. Ich brachte die Kranken auf den Appellplatz, dort zwischen den Reihen der Baracken 11 und 16, dort stand das Auto und die Häftlinge wurden in das Innere des LKWs verladen. Dann wurden die Türen verschlossen und der Kommandant fuhr mit dem Auto weg, wohin haben wir anfangs nicht gewußt. Schon am nächsten Tage nach der ersten Fuhr erfuhren wir, daß das Auto nach Gusen gefahren ist und die in Mauthausen verladenen Häftlinge im Gusener Krematorium abgeladen wurden. In Gusen wurden auch wieder 30 kranke Häftlinge verladen und in Mauthausen beim Krematorium 30 Leichen abgeladen. So haben wir erfahren, daß das ein Gasauto war. Die Mauthausener Kranken sind am Weg nach Gusen und die Gusener Kranken am Weg nach Mauthausen vergast worden. Wir wußten nicht, wie das vor sich ging. Wir nahmen an, daß die Häftlinge durch die Abgasstoffe des LKWs vergast wurden, wir nahmen an, daß das Auspuffrohr in das Innere des LKWs geleitet wurde. Bei der dritten oder vierten Tour, als ich die Kranken wieder

zum Auto brachte, stieg ich selbst in den LKW und betrachtete das Innere des Kastenverbaues. Aus meiner Betrachtung ging einwandfrei hervor, daß aus dem Führerhaus während der Fahrt ein Blechbehälter mit Zyklon B Gas in das Innere hineingeworfen wird und auf diese Art die Kranken ermordet wurden. Ein Auspuffrohr führte nicht in das Innere des Kastenvorbaues. Das Auto fuhr vielleicht zwanzigmal, vielleicht mehrmals. Da die Aktion bekannt wurde, ist sie bald eingestellt worden [...]."

Der Leichenträger Albert Tiefenbacher (er erhielt im Jahre 1937 den akademischen Grad eines Doktors der Rechte an der Universität von Wien) gibt in seiner Aussage vor den US-Behörden am 7. und 18. Dezember 1945 an:[16]

„*[...] Dort in Mauthausen war ein kleiner [...] Gaswagen. Im September 1942 hatten die Gefangenen ein Polizeifahrzeug, 'Grüner Heinrich', in ein Vergasungsfahrzeug umzuändern. Die Veränderung bestand hauptsächlich darin, das Innere des Fahrzeuges luftdicht zu machen. Nachdem das Fahrzeug umgeändert war, wurde es in der Gegenwart von Ziereis [und] Wasicki [...] getestet. Zwei Gefangene wurden vom Bunker geholt (die Gefangenen im Bunker waren meistens nicht im Lagerbuch eingetragen, zumal sie als 'abgeschrieben' angesehen wurden). Diese Gefangenen wurden in dem Fahrzeug eingeschlossen. Der SS-Mann Kiefer kam in das Krematorium, um einen Büchsenöffner für die Gasbüchsen zu holen. [...] Ich hörte das Fahrzeug wegfahren und zwei Stunden später erhielt ich den Befehl, die Leichen der zwei Gefangenen, die ich das Fahrzeug besteigen sah, wegzuschaffen. Als ich das Fahrzeug betrat, bemerkte ich den süßlichen Gasgeruch. Die Leichen waren im Gesicht blau in einer verkrampften Stellung. Von dieser Zeit an sah ich wiederholt, wie das Vergasungsfahrzeug mit Gefangenen beladen wurde. Üblicherweise wurden in Mauthausen 15 bis 50 gezwungen, das Fahrzeug zu besteigen. Gewöhnlich kehrte das Fahrzeug am nächsten Tag zurück und ich hatte die Leichen abzuladen. [...] Die Toten, welche ich von dem Fahrzeug wegzuschaffen hatte, waren nicht dieselben Personen, welche den Tag zuvor das Fahrzeug betreten hatten [...]. Ich verstand daraus, daß die Gefangenen von Mauthausen, welche in Mauthausen in das Fahrzeug geladen wurden, auf dem Wege nach Gusen vergast und in Gusen verbrannt wurden, während die Gefangenen von Gusen auf ihrem Weg nach Mauthausen vergast und in Mauthausen verbrannt wurden. Dieses Geschehen war der hauptsächliche Gesprächsgegenstand in Gusen und Mauthausen [...].*"

Die Aussage von Rudolf Fiegl vom 1. Mai 1946 bezüglich Gusen ist eindeutig:[17]

„[...] Wasicky lieferte jedesmal das Gas für den Gaswagen, wie bei den Vergasungen. Ich mußte ihn selbst mehrmals reinigen, deshalb kannte ich ihn. Es war ein Wagen, der dem Zellenwagen, der in Dachau zum Transport der Häftlinge benutzt wurde, ähnlich war [beim Mauthausen-Prozess 1946]. Ich schätze, daß er eine Kapazität von 10 bis 12 m³ hatte. [...] Die Fenster, Sitze, Seitenwände und Fußböden waren aus Eisenblech. Ich glaube, es war 1943, gegen Jahresende, da erschien er mehrmals in Gusen und begab sich direkt zum Krematorium. Anschließend fuhr er zur Desinfizierungsstation [...]. Der Fahrer stieg heraus und der Kapo sagte: ‚Los, mach den Wagen sauber!' Ich holte also die leeren Zyklon B Dosen heraus, die auf dem Fußboden lagen, und spritzte Wasser hinein, denn es war sehr viel Schmutz drin [...] Solche Reinigungen habe ich drei- oder viermal gemacht, aber der Wagen kam nicht bei jeder Fahrt zur Station [...] 1944 habe ich ihn nicht mehr gesehen [...]."

Im Bericht [18], der anlässlich einer im Mai 1945 in Mauthausen von Jack H. Taylor durchgeführten Untersuchung abgefasst wurde, wird der Einsatz eines zum Gaswagen umgebauten Polizeifahrzeuges für März bis Oktober 1943 bestätigt.

3.4 Verwendungszeitraum der Gaswagen

Die vorhergehenden Zeugenaussagen sind zwar sehr beweiskräftig hinsichtlich der grundsätzlichen Feststellung, dass zwei Typen von Gaswagen eingesetzt wurden, erscheinen aber manchmal etwas ungenau bezüglich des genauen Typs des Sonderwagens und des Verwendungszeitraums. Nichtsdestotrotz ergeben sich mehrere Einsatzperioden, die den Rückschluss auf mindestens zwei Arten von Sonderwagen erlauben.

Die nicht kursiv geschriebenen Namen betreffen Zeugenaussagen, die für zwei Perioden gültig sein könnten, weil sie nicht mit Sicherheit einer einzigen zugeordnet werden können.

3.4.1 Gaswagen mit Zyklon B

Verwendungszeitraum	Zeugenaussage
Anfang 1942 bis Mai 1942	*Kanduth*, Poprawka
September 1942 bis Anfang 1943	Orschler, Podlaha, Poprawka, *Tiefenbacher*
für 1943	*Fiegl*

3.4.2 Gaswagen mit Auspuffgas

Verwendungszeitraum	Zeugenaussage
Ende 1942 bis 1943	Orschler, Podlaha, *Rauff, Steinmann, Kammerer*

Die Zeugenaussage von Gustav Riegler (vgl. 3.2) scheint in dieser Einteilung nicht auf, weil sie die einzige Aussage ist, die für Anfang 1942 einen mit Auspuffgas betriebenen Sonderwagen anspricht.

Einzig die Analyse von möglicherweise noch vorhandenen Dokumenten wird eine endgültige Klärung hinsichtlich der verschiedenen Verwendungszeiträume ergeben.

3.5 Dokumente zu den Gaswagen

3.5.1 Das Gusener Totenbuch am 17. Jänner 1943

Nach aufwändigen Recherchen hat die Untersuchung des Gusener Totenbuches (vgl. Anhang 5.1.1) zum ersten Mal die Feststellung von Anomalien bei der Eintragung von Todesfällen ermöglicht, die mit den Todesfahrten zwischen Mauthausen und Gusen in Verbindung gebracht werden können.

Tatsächlich beweisen die für den 17. Jänner 1943 festgestellten Anomalien mit hoher Wahrscheinlichkeit, dass jene 80 Toten, die an diesem Tag zwischen 3 Uhr und 23 Uhr 50 als „an Lungentuberkulose verstorben" eingetragen wurden, in Wahrheit im Gaswagen ermordet wurden. Es handelte sich hauptsächlich um deutsche und polnische SV-Häftlinge („Sicherheitsverwahrungshäftlinge"), die mit einem grünen Winkel gekennzeichnet waren.* Sie können sehr einfach durch ihre fünfstellige Mauthausener Häftlingsnummer identifiziert werden, wo sie kurz vorher interniert worden waren. Ihre Eintragung mit dieser Nummer in ein Gusener Verzeichnis ist in jeder Hinsicht außergewöhnlich, denn jeder nach Gusen überstellte Häftling wäre dort sofort mit seiner neuen Gusener Nummer eingetragen worden (bis Jänner 1944, als in Gusen wieder

* Die „SV" Häftlinge wurden der Kategorie der sogenannten „Kriminellen" zugerechnet; bei Nichtdeutschen war der Einweisungsgrund aber auch oft ein politischer.

Abbildung 6: Auszug aus dem Gusener Totenbuch des SS-Standortarztes vom 17.1.1943. In der dritten Spalte scheinen plötzlich fünfstellige Nummern auf, die der Nummerierung von Mauthausen und nicht der von Gusen entsprechen. Es handelt sich um eine Reihe von Häftlingen, die Mauthausen lebend verlassen haben und die vor ihrer Ankunft in Gusen, offensichtlich in einem Gaswagen, ermordet wurden.

Mauthausener Nummern vergeben wurden). Es kann sich also nur um Häftlinge handeln, die Mauthausen lebend verlassen hatten und vor ihrer Ankunft in Gusen verstorben waren.

Im Häftlingszugangsbuch von Mauthausen, in dem auch die Überstellungen vermerkt sind, findet man tatsächlich Eintragungen über ihren Transport nach Gusen, insbesondere für den 14. und 15. Jänner 1943.

3.5.2 Überstellungsliste von Gusen nach Mauthausen vom 8. Juli 1943

Diese Liste[19], die 1999 im Archiv der „Hauptkommission zur Untersuchung der Naziverbrechen gegen das polnische Volk" in Warschau entdeckt wurde, zieht zuerst einmal die Aufmerksamkeit durch eine große

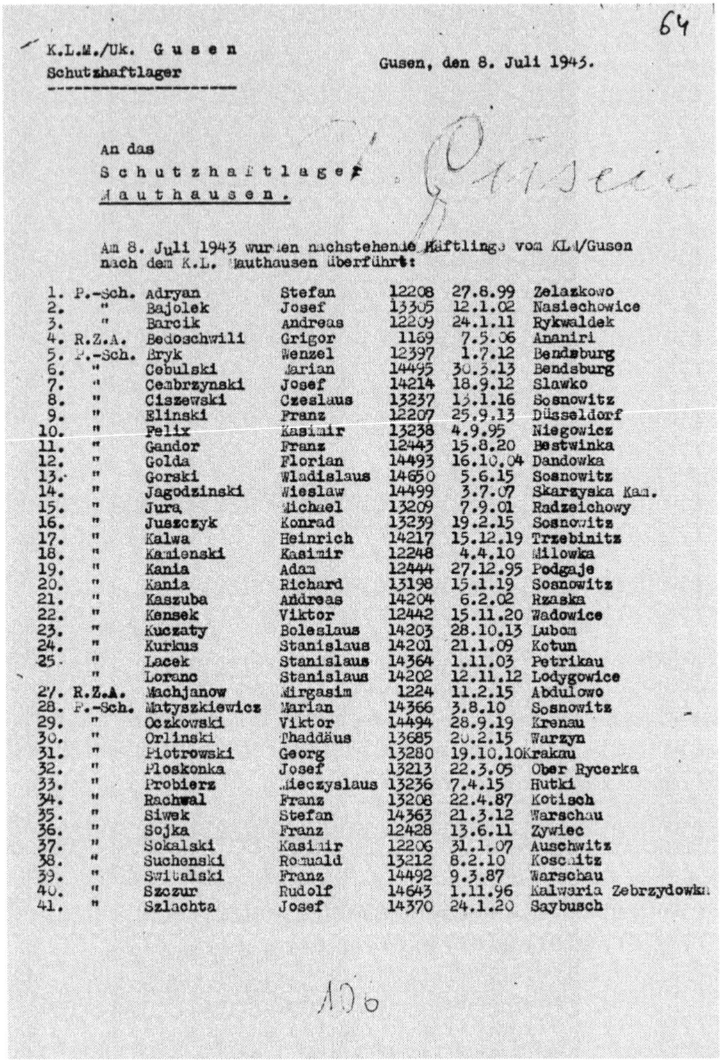

64

K.L.M./Uk. G u s e n
Schutzhaftlager

Gusen, den 8. Juli 1943.

An das
S c h u t z h a f t l a g e r
M a u t h a u s e n .

Am 8. Juli 1943 wurden nachstehende Häftlinge vom KLM/Gusen nach dem K.L. Mauthausen überführt:

1.	P.-Sch.	Adryan	Stefan	12208	27.8.99	Zelazkowo
2.	"	Bajolek	Josef	13305	12.1.02	Nasiechowice
3.	"	Barcik	Andreas	12209	24.1.11	Rykwaldek
4.	R.Z.A.	Bedoschwili	Grigor	1169	7.5.06	Ananiri
5.	P.-Sch.	Bryk	Wenzel	12397	1.7.12	Bendsburg
6.	"	Cebulski	Marian	14495	30.3.13	Bendsburg
7.	"	Cembrzynski	Josef	14214	18.9.12	Slawko
8.	"	Ciszewski	Czeslaus	13237	13.1.16	Sosnowitz
9.	"	Elinski	Franz	12207	25.9.13	Düsseldorf
10.	"	Felix	Kasimir	13238	4.9.95	Niegowicz
11.	"	Gandor	Franz	12443	15.8.20	Bestwinka
12.	"	Golda	Florian	14493	16.10.04	Dandowka
13.	"	Gorski	Wladislaus	14650	5.6.15	Sosnowitz
14.	"	Jagodzinski	Wieslaw	14499	3.7.07	Skarzyska Kam.
15.	"	Jura	Michael	13209	7.9.01	Radzeichowy
16.	"	Juszczyk	Konrad	13239	19.2.15	Sosnowitz
17.	"	Kalwa	Heinrich	14217	15.12.19	Trzebinitz
18.	"	Kamienski	Kasimir	12248	4.4.10	Milowka
19.	"	Kania	Adam	12444	27.12.95	Podgaje
20.	"	Kania	Richard	13198	15.1.19	Sosnowitz
21.	"	Kaszuba	Andreas	14204	6.2.02	Rzaska
22.	"	Kensek	Viktor	12442	15.11.20	Wadowice
23.	"	Kuczaty	Boleslaus	14203	28.10.13	Lubom
24.	"	Kurkus	Stanislaus	14201	21.1.09	Kotun
25.	"	Lacek	Stanislaus	14364	1.11.03	Petrikau
	"	Loranc	Stanislaus	14202	12.11.12	Lodygowice
27.	R.Z.A.	Machjanow	Mirgasim	1224	11.2.15	Abdulowo
28.	P.-Sch.	Matyszkiewicz	Marian	14366	3.8.10	Sosnowitz
29.	"	Oczkowski	Viktor	14494	28.9.19	Krenau
30.	"	Orlinski	Thaddäus	13685	20.2.15	Warzyn
31.	"	Piotrowski	Georg	13280	19.10.10	Krakau
32.	"	Ploskonka	Josef	13213	22.3.05	Ober Rycerka
33.	"	Probierz	Mieczyslaus	13236	7.4.15	Hutki
34.	"	Rachwal	Franz	13208	22.4.87	Kotisch
35.	"	Siwek	Stefan	14363	21.3.12	Warschau
36.	"	Sojka	Franz	12428	13.6.11	Zywiec
37.	"	Sokalski	Kasimir	12206	31.1.07	Auschwitz
38.	"	Suchenski	Romuald	13212	8.2.10	Koscnitz
39.	"	Switalski	Franz	14492	9.3.87	Warschau
40.	"	Szczur	Rudolf	14643	1.11.96	Kalwaria Zebrzydowka
41.	"	Szlachta	Josef	14370	24.1.20	Saybusch

106

Abbildung 7: Transportliste von Gusen nach Mauthausen vom 8. Juli 1943

- 2 -

42.	P.-Sch.	Tryuk	Johann	13268	28.2.12	Pabianice
43.	"	Tylec	Heinrich	14215	9.4.17	Slawkowo
44.	"	Wnetrzycki	Vinzenz	13214	25.8.03	Saybusch
45.	"	Wygas	Bronislaus	13207	29.7.20	Krakau
46.	"	Zemanek	Johann	14705	16.2.95	Buczkowice.

Richtig übergeben: ....

Richtig übernommen: ....

handschriftliche Zusatzbemerkung in roter Schrift auf sich: „Abgang E 8.7.43“ und „alle v. Gusen“. Der Buchstabe „E“ ist drei Zentimeter groß und doppelt unterstrichen.

Der Ausdruck „Abgang E“ deutet auf eine Exekution hin. Man findet ihn auch in anderen Dokumenten wieder, wo der Buchstabe „E“ neben dem Stempel „Hollerith* erfasst“ auftaucht, der auf die Dokumente nach ihrer Erfassung mittels Lochkarten (die sogenannten „Hollerithkarten“) gestempelt wurde.

Die Liste wurde am 8. Juli 1943 im Lager Gusen ausgestellt, mit folgendem Briefkopf: „K.L.M./Uk. Gusen, Schutzhaftlager“ (= „Konzentrationslager Mauthausen/Unterkunft Gusen“). Sie war für das Schutzhaftlager in Mauthausen bestimmt.

Es handelt sich um eine Aufstellung von 46 Namen, davon waren als 44 polnische Schutzhäftlinge und zwei als russische Zivilarbeiter (R.Z.A.) registriert. Die Häftlingsnummern sind ausschließlich Gusener Nummern, jene der Polen aus dem Nummernbereich von 12.208 bis 14.705. Damit kann auch das Ankunftsdatum der Häftlinge in Gusen bestimmt werden, die im April 1943 angekommen waren und dann, wie bereits in der Einführung des Buches erwähnt, in den Quarantäneblocks 13 bis 16 interniert wurden.

Die Liste besteht aus sieben Spalten. Nach der laufenden Nummer der Liste und der Häftlingskategorie finden sich in der dritten Spalte die Namen der Häftlinge in alphabetischer Reihenfolge. In den weiteren Spalten sind die Vornamen, die Häftlingsnummern und die Geburtsdaten und -orte vermerkt.

An diesem Dokument ist besonders auffällig, dass es am selben Tag des Häftlingstransportes ausgestellt wurde, während derartige Listen normalerweise immer erst am nächsten Tag geschrieben wurden.

Es scheint sich tatsächlich um eine Überstellung der Häftlinge zur Exekution nach Mauthausen zu handeln, da dieses Dokument auch von zwei SS-Männern unterschrieben wurde: Einmal für die Übergabe der Häftlinge „Richtig übergeben“ und einmal für die Übernahme „Richtig übernommen“.

Tatsächlich findet man alle ihre Namen am 8. Juli 1943 im „Verzeichnis der unnatürlichen Todesfälle“[20] (siehe Anhang 5.1.2) mit der Bemerkung „Executiert!“ verzeichnet, daneben steht in einer anderen Hand-

* Name des amerikanischen Erfinders dieser Lochkarten.

schrift „erschossen". Einer der zwei Russen wurde als Pole eingetragen. In der ersten Spalte dieses Verzeichnisses wurde für den Fall, dass der Tod nicht im Hauptlager in Mauthausen eingetreten ist, das entsprechende Nebenlager angegeben. So weist bei diesen 46 Namen der Buchstabe „G" Gusen als Todesort aus.

Wenn diese 46 Häftlinge tatsächlich in Gusen gestorben wären, so müssten auch ihre Namen im Gusener „Operationsbuch" (siehe Anhang 5.3[21]) aufscheinen. Tatsächlich findet man sie dort mit der Bemerkung „Standrechtlich erschossen!". Wie schon zuvor vermutet, ist neben den Namen der Polen auch ihre Unterkunft im Lager mit den Barackennummern 13 bis 16 verzeichnet.

Wenn jene aber tatsächlich in Gusen exekutiert worden wären, könnten sie nicht für den 8. Juli 1943 gleichzeitig auf der Überstellungsliste nach Mauthausen vermerkt sein! Es wird daher angenommen, dass diese Liste eine „Ladeliste" für den Gaswagen darstellt, in dem die Häftlinge während der Überstellung getötet worden sind. Da diese Hinrichtungsart geheim gehalten werden musste, war die Eintragung in das Operationsbuch wohl nur eine Tarnung, um alle diese Häftlinge als in Gusen verstorben zu verzeichnen.

In diesem Fall waren es also 46 Häftlingsleichen, die in Mauthausen ausgeladen wurden. Das erklärt auch die bereits oben angeführte Bemerkung „alle von Gusen", die in Mauthausen auf diese Liste geschrieben worden war und die in Gusen natürlich keinerlei Sinn ergeben hätte.

Die Untersuchung des Mauthausener Totenbuchs[22] (siehe Anhang 5.1.1) durch Andreas Baumgartner, der mich auch auf diese Liste aufmerksam gemacht hatte, ergab jedoch, dass diese 46 Häftlinge gleichzeitig auch in Mauthausen als verstorben eingetragen wurden, obwohl in diesem Totenbuch sonst keine Gusener Häftlinge verzeichnet wurden.

Man kann also für die Ankunft dieser makabren Ladung in Mauthausen eine zweite Tarnaktion ausmachen: Zweifellos wusste der für diesen Vorgang zuständige SS-Mann (oder die zuständigen SS-Männer) nichts vom ersten Vertuschungsversuch, den man sich schon in Gusen ausgedacht hatte.

Dieses Totenbuch enthält mit wenigen Ausnahmen nur die Todesfälle Mauthausener Häftlinge und von Häftlingen aus den Nebenlagern (abgesehen von Gusen). Die genannten Ausnahmen betreffen einige Fälle von Häftlingen, die nur nach Mauthausen gebracht wurden, um dort ohne Registrierung exekutiert zu werden. So enthält also auch die Eintragung jener 46 Namen keine Häftlingsnummern, die dafür und für den Todesort vorgesehenen Spalten blieben leer. Um die Tarnung zu vervollständigen, wurden 42 Polen und ein R.Z.A. als sowjetische Kriegsgefangene „SU.Kgf." eingetragen, während die beiden anderen Polen und der zweite R.Z.A. jeweils als „Russe" aufscheinen. Als Todesursache wurde diesmal „auf Befehl des RF-SS erschossen" angegeben. Es folgt das Wort „justifiziert" und als Todeszeitpunkt die Zeit zwischen 14 Uhr und 15 Uhr 44 am 8. Juli 1943.

Man kann aus der genauen Analyse dieser Dokumente eine Schlussfolgerung ziehen, indem man folgende Fälle zur Diskussion stellt:

3.5.2.1 Hypothese 1: tatsächliche und geheime Erschießung in Gusen

Eine Liste für einen Scheintransport hätte zur Tarnung einer Hinrichtung dienen können. Hierzu hätte sie aber wie eine normale Transportliste aussehen müssen. Aber das Gegenteil war der Fall: Sie wurde am Transporttag (und nicht einen Tag später) ausgestellt und wurde von zwei SS-Männern unterschrieben. Sie hätte auch nicht die, mit einem Bleistift quer darüber geschriebene Bemerkung („Abgang E") enthalten dürfen.

Außerdem ist die Registrierung ihres Todes im Mauthausener Totenbuch mit einer Hinrichtung in Gusen unvereinbar.

Und schließlich war in Gusen zu dieser Zeit die Hinrichtungsstätte für die Häftlinge sehr gut einsehbar, denn sie befand sich zwischen den noch unvollendeten Steinblocks 6 und 7. Die tatsächliche Hinrichtung einer Gruppe von 46 Häftlingen hätte unmöglich geheim bleiben können.

Die Annahme der tatsächlichen Hinrichtung in Gusen muss daher verworfen werden.

3.5.2.2 Hypothese 2: tatsächlicher und geheimer Abtransport dieser Häftlinge

Zur Tarnung dieses Transports von lebenden und aber noch im Häftlingsstand von Gusen befindlichen Häftlingen könnte die Eintragung ihrer Exekution in das Operationsbuch dienen. Damit würde festgehalten, dass es sich um aus dem Stand genommene Häftlinge handelt, da sie ja bereits als tot geführt wurden. Die Transportliste wäre durch diesen Trick in der Lagerregistratur ungültig geworden, sie hätte nicht mehr existiert, da es ja auch jene Häftlinge nicht mehr gab, deren Namen auf der Liste verzeichnet waren.

Anlässlich der Abfahrt des Transportes wurde dieser von einem SS-Mann (wahrscheinlich aus der Politischen Abteilung in Gusen) an einen anderen übergeben, der sich um das Einladen der Häftlinge kümmerte. Es kann sich daher nur um lebende Häftlinge handeln, da die Leichen der Gusener Toten auch dort verbrannt wurden und nicht vorher nach Mauthausen überstellt wurden.

3.5.2.3 Hypothese 3: Überstellung der Häftlinge zur Exekution in Mauthausen

Der handschriftliche Zusatz des Wortes „Abgang E" kann als eindeutig erscheinen. Dieser stimmt auch mit der Eintragung ihrer Hinrichtung als SU.Kgf im Totenbuch von Mauthausen überein.

Diese Einträge des Totenbuches stehen hingegen im deutlichen Widerspruch zu den Einträgen im Verzeichnis der unnatürlichen Todesfälle von Mauthausen. In diesem Verzeichnis sind sie nämlich, wie im Operationsbuch, als Polen eingetragen, die am selben Tag in Gusen hingerichtet wurden.

Diese Widersprüche lassen an einer tatsächlichen Exekution in Mauthausen zweifeln und erlauben den Schluss, dass diese zwangsläufig vor der Ankunft des Transportes in Mauthausen vollzogen wurde.

3.5.2.4 Hypothese 4: Die Häftlinge wurden während ihrer Überstellung von Gusen nach Mauthausen getötet

Man versteht damit auch den Vermerk „alle v. Gusen", da es sich um Leichen handelte, deren sonstige Identifizierungsmerkmale (Häftlingsnummern u.a.) vor der Übergabe der Körper an das Krematoriumskommando in Mauthausen von der SS höchstwahrscheinlich entfernt wurden. Daher rührt auch die Unsicherheit über ihre Nationalität und die planmäßige oder willkürliche Eintragung als SU.Kgf. in das Totenbuch.

Die Ermordung dieser Häftlinge während ihrer Überstellung kann daher nur mit dem Einsatz eines oder zweier Gaswagen erklärt werden.

Es kann ein Koordinationsproblem zwischen den SS-Abteilungen in Gusen und Mauthausen, aber auch in Mauthausen selbst festgestellt werden.

Es war wahrscheinlich die Politische Abteilung des Lagers Gusen, die mit dem Beladen des Gaswagens mit diesen Opfern betraut war. Um die Geheimhaltung zu wahren, hat diese Abteilung die Vertuschung im

Operationsbuch angeordnet, in dem die Häftlinge der Liste als in Gusen erschossen geführt werden.

Die Unterschrift des zweiten SS-Manns mit der Bemerkung „richtig übernommen" bezeichnet gleichzeitig den Verantwortlichen für diese Vergasungsaktion während der Überstellung.

Vor dem Ausladen der Leichen in Mauthausen mussten die SS-Männer wahrscheinlich die Häftlingsnummern mit dem Nationalitätenkürzel entfernen (oder sie ließen sie entfernen). Da es sich um Gusener Nummern handelte, konnten diese natürlich nicht in einem Mauthausener Totenbuch stehen. Für die Verbrennung der Leichen mussten auf alle Fälle sogenannte „Freigabescheine" ausgestellt werden, die weder die Nummer noch die Nationalität der Häftlinge enthielten. Es ist also nicht erstaunlich, dass dem SS-Standortarztamt für die Eintragung der Häftlinge in das Totenbuch nur die Namen und zweifellos andere erfundene Angaben wie z.B. SU.Kgf übermittelt wurden. Es hätte nichts an die Politische Abteilung von Mauthausen weitergeleitet werden können, die das Verzeichnis der unnatürlichen Todesfälle führte.

Es könnte sich dabei um eine Initiative der SS-Männer des Krematoriumskommandos für die Vertuschung dieser Vergasung handeln. Sie dürften jedoch übersehen haben, dass die Politische Abteilung in Gusen mit ihrer Eintragung im Operationsbuch, wo jene Polen als erschossen geführt wurden, diese Vergasung bereits selbst vertuscht hatte. Diese Häftlinge wurden dann auch in das Verzeichnis der unnatürlichen Todesfälle von Mauthausen übertragen. Die Politische Abteilung nahm auch keinerlei Kontrolle anhand des Totenbuches vor, das aber auch nur erschossene SU.Kgf. enthielt, die jedoch dieselben Namen trugen wie jene Polen.

Zusammenfassend kann angenommen werden, dass diese Liste vom 8. Juli 1943 sehr wahrscheinlich eine Aufstellung von 46 Häftlingen darstellt, die während ihrer Überstellung von Mauthausen nach Gusen in einem Gaswagen ermordet wurden.

3.6 Schätzung der Opferzahlen für die Gaswagen

Unabhängig von der vorhergehenden Analyse erlauben zahlenmäßige Hinweise einiger Zeugen eine Schätzung der Opferzahl. Unter anderem gab der Mechaniker B. Bardon, der ab 1942 in der Hauptgarage von Mauthausen gearbeitet hatte, am 13. Mai 1945 als Zeuge an, dass SS-Unterscharführer Hartl den Gaswagen 32 Mal und SS-Unterscharführer Gerbig und andere Chauffeure den Gaswagen fünfzehn Mal gefahren hatten.[23] Es gab also 47 Fahrten mit je 30 bis 40 Häftlingen. Diese, in ihrer genauen Angabe zur Anzahl der Fahrten einzigartige Zeugenaussage wurde von Jack H. Taylor in seiner Untersuchung bestätigt (vgl. 3.3).[24]

Den übrigen Aussagen zufolge kann man die Zahl der Fahrten (jeweils hin und retour) mit ungefähr fünfzehn oder zwanzig angeben, wobei angesichts des Fassungsvermögens des Gaswagens ungefähr 30 Personen bei der Hin- und 30 Personen bei der Rückfahrt ermordet wurden. Man erhält somit eine Gesamtopferzahl zwischen 900 und 2.800.

Zusammenfassend kann man sagen, dass

- die Zeugenaussagen in den Kapiteln 3.1 bis 3.3
- das Urteil aus dem Schöps-Prozess
- und der Brief des SS-Obersturmbannführers Rauff vom 26.März 1942

beweiskräftige Argumente für den Einsatz zweierlei Typen von Gaswagen darstellen.

Im Laufe der Jahre 1942 und 1943 wurden während der Transporte zwischen Mauthausen und Gusen mindestens 900 Gefangene beider Lager mit Zyklon B oder mit Auspuffgas ermordet.

4 ZAHL DER OPFER DURCH VERGASUNG

4.1 Vergasungen in den Lagern Mauthausen und Gusen

Laut Kapitel 1.9 wurden in der unter dem Bunker des Lagers Mauthausen gelegenen Gaskammer zwischen März 1942 und 29. April 1945 **mindestens 3.455** Menschen verschiedener Nationalitäten mit Zyklon B vergast. Neben KZ-Häftlingen befanden sich unter den Opfern auch Personen, die zur sofortigen Exekution nach Mauthausen gebracht worden waren, darunter auch russische Kriegsgefangene.

Laut Kapitel 2.4 gab es in den Gusener Blocks 16 (2. März 1942) und 31 (21./22. April 1945), die ursprünglich ganz normale Häftlingsbaracken waren, aber für die Vergasungsaktionen abgedichtet und von der SS abgeschirmt worden waren, Vergasungen durch Zyklon B. Dabei wurden **mindestens 823** Häftlinge aller Nationalitäten, darunter sowjetische Kriegsgefangene, getötet.

Laut Kapitel 3.6 gab es Sonderwagen (oder Gaswagen), in denen 1942 und 1943 während der Transporte von einem Lager in das andere **mindestens 900** Häftlinge der Lager Mauthausen und Gusen getötet wurden. Auch hier waren es Häftlinge aller Nationalitäten, darunter sowjetische Kriegsgefangene, die durch Zyklon B oder durch Auspuffgas ermordet wurden. Ihre Leichen wurden direkt in das Krematorium des jeweiligen Bestimmungsortes des Transportes gebracht.

Man kann somit die Zahl der in den Lagern Mauthausen und Gusen (einschließlich der in Sonderwagen) vergasten Häftlinge auf **mindestens 5.200** schätzen.

4.2 Vergasungen von Häftlingen aus Mauthausen und Gusen in Hartheim

Die vorhin geschätzte Zahl berücksichtigt nicht die in Hartheim vergasten Opfer, die im Rahmen der sogenannten „Invalidentransporte", unter dem Codenamen „14 f 13", von Mauthausen und Gusen dorthin gebracht und vergast wurden (vgl. Studie 1). Erinnern wir uns daran, dass durch diese Transporte zwischen 11. August 1941 und 12. Dezember 1944 – mit Ausnahme des Jahres 1943 – ungefähr **5.000**

Häftlinge aus Mauthausen und Gusen nach Hartheim überstellt wurden.

Diese Zahl liegt unter der Schätzung von 6.000 bis 8.000 Häftlingen aus Mauthausen und Gusen, die laut Angaben von Vincenz Nohel, dem Heizer des Hartheimer Krematoriums und Mitglied der Organisation T.4, in Hartheim vergast worden sein sollen.[1]

Die Mindestzahl der Häftlinge aus Mauthausen und Gusen, die in den beiden Lagern oder in Hartheim vergast wurden, überschreitet jedenfalls **10.200.** Sie macht somit beinahe 10% der Gesamtopferzahl von Mauthausen und seinen Nebenlagern aus.

4.3 Vergasungen auf österreichischem Gebiet (Hartheim, Mauthausen, Gusen)

Aus der Mindestschätzung von 30.000 in Hartheim Vergasten (vgl. Studie 1) und der Schätzung aus Kapitel 4.1 ergibt sich eine **Mindestzahl von 35.000 Vergasungsopfern in Österreich.**

Obwohl diese Zahl, im Vergleich mit den Opfern der Shoah, ohne dabei die Massaker an den Roma und Sinti zu vergessen, nur einen geringen Prozentsatz ausmacht, so sind es doch im Durchschnitt neunzehn Vergaste für jeden Tag der fünf Jahre, in denen die Gaskammern auf österreichischem Gebiet in Betrieb waren …

Diese Vergasungen müssen umso mehr in Erinnerung gehalten werden, als Thomas Mann im Jänner 1942 anlässlich seiner Gespräche mit der BBC die Welt zum ersten Mal über die Vergasung deportierter Juden in einem Lager informierte.[2] Im darauf folgenden Juni gab er auch den Namen des Lagers bekannt: Mauthausen.

Es handelte sich bei diesen Opfern um jene jungen holländischen Juden, über die bereits im Kapitel über die Aktion 14 f 13 berichtet wurde.

Und es war auch in Mauthausen, wo die letzte Vergasung des NS-Regimes durchgeführt wurde, nur wenige Tage vor Kriegsende, am 29. April 1945.

5 ANHANG

5.1 Anhang 1: Registraturen der Mauthausener SS

5.1.1 Das Totenbuch des SS-Standortarztamtes

Dieses Verzeichnis wurde den US-Behörden am 7. Mai 1945 vom ehemaligen Schreiber des SS-Standortarztamtes, dem Häftling Ernst Martin, übergeben. Der Übernahmeschein nennt im Detail dreizehn Bände dieses Dokuments, dessen Originale sich in den US National Archives befinden.[1]

a) Sieben Bände für das Hauptlager Mauthausen und alle Nebenlager, ausgenommen Gusen und die Toten von Hartheim. Dieses Totenbuch wurde vom 7. Jänner 1939 bis zum 29. April 1945 geführt.[2] Der Sonderfall, der bereits in Kapitel 1.6 angesprochen wurde (handschriftliche Bemerkung „GAZ" für den 22., 24. und 25. April 1945), wird in Kapitel 5.1.5 noch ausführlicher behandelt.

b) Fünf Bände für Gusen, geführt vom 1. Juni 1940 bis zum 27. April 1945.[3] Der Mikrofilm der US National Archives ist zweifellos eine Kopie der Originale, die sich im „Archive des Ancien Combattants" in Caen befinden. Diese Kopie konnte ich bereits 1971 in Auszügen untersuchen.[4]

c) Ein Band für die Registratur der verstorbenen sowjetischen Kriegsgefangenen (SU.Kgf.), der von 21. Oktober 1941 bis zum 31. März 1945 geführt wurde.[5]

Die Verzeichnisse wurden von 1941 bis 1943 von Ernst Martin geschrieben, der diese Totenbücher auch im Prozess gegen Martin Roth erörterte. Sein Nachfolger als Schreiber des SS-Standortarztamtes war Josef Ulbrecht. In diesen Büchern ist fast durchgehend sowohl die Häftlingsnummer als auch die (gefälschte) Todesursache des verstorbenen Häftlings angeführt. Für den Fall, dass der Häftling an einer „unnatürlichen Todesursache" verstorben ist, sind Anmerkungen bezüglich der Todesart zu finden (exekutiert, Selbstmord, etc.). Die sieben Totenbücher des Hauptlagers (a) unterscheiden sich von den fünf Totenbüchern für Gusen (b) vor allem durch eine zusätzliche Spalte für den Todesort. Man findet dort die Blocknummer in Mauthausen, das Nebenlager oder auch das Sanitätslager (SL).

5.1.2 Totenbuch „Verzeichnis unnatürliche Todesfälle"

Dieses Totenbuch, das in drei Bänden vorliegt, wurde am 18. August 1938 begonnen (also nur zehn Tage nach der Gründung des Lagers) und bis 25. September 1944 geführt. Es enthält 3.875 Personen in chronologischer Reihenfolge, jedoch ohne Häftlingsnummer. Neben dem Todesdatum finden sich Anmerkungen wie „Freitod", „auf der Flucht erschossen", „erschossen (exekutiert)", „erhängt (exekutiert)", „standrechtlich erschossen", „durch Fliegerangriff getötet", „justifiziert" oder „auf Befehl des RF-SS (= Himmler) exekutiert". Für einige Hinrichtungen findet sich auch eine Codebezeichnung wie z.B. „Aktion 19", wie wir bereits in Abbildung 3 anlässlich der Vergasungsaktion vom 24. Oktober 1942 gesehen haben.

Das Original befindet sich im Tschechischen Staatsarchiv in Prag, Kopien davon sind im Bestand zahlreicher Archive.[6]

Dieses Totenbuch darf nicht mit einem Verzeichnis gleichen Namens verwechselt werden, das den Zeitraum 1. Oktober 1942 bis 6. April 1945 abdeckt. Es finden sich dort 1.023 Namen von Häftlingen und für den Fall einer sogenannten „Erschießung auf der Flucht" auch der Name des SS-Schützen, der den Häftling ermordet hat. Das Original dieses Totenbuches ist in den US National Archives.[7]

5.1.3 Exekutionsbuch

Das Exekutionsbuch in 2 Bänden, in dem die Namen von 2.025 Opfern verzeichnet sind, wurde vom 24. April 1940 bis zum 29. Dezember 1944 geführt. Die Häftlinge sind in diesem Verzeichnis alphabetisch geordnet, wobei weder die Häftlingsnummern noch die Exekutionsart aufscheinen. Neben dem Exekutionsdatum steht einfach eine Codebezeichnung wie der Buchstabe „K" („Aktion K") oder „Aktion …" mit einer ergänzenden Nummer; z.B. am 24. Oktober 1942 findet man wieder die Eintragung „Aktion 19".

Kopien dieses Exekutionsbuches liegen in zahlreichen Archiven auf, eine davon wird als „Kopie vom Original" bezeichnet.[8]

5.1.4 Überlegungen zu diesen Verzeichnissen

Diese drei Typen von Totenbüchern wurden nicht in den selben Abteilungen der Mauthausener Lagerverwaltung geführt und sind auch nur mehr teilweise erhalten. Im Exekutionsbuch und im Verzeichnis der unnatürlichen Todesfälle, die wahrscheinlich von verschiedenen Unterabteilungen der Politischen Abteilung in Mauthausen geführt wurden, wurden auch Häftlinge eingetragen, die ausschließlich zur ihrer Exekution nach Mauthausen überstellt worden waren, ohne dort jemals registriert worden zu sein. Die Bezeichnung dieser Bücher bringt auch sehr deutlich zum Ausdruck, dass es sich in diesen Verzeichnissen nur um „unnatürliche" Todesfälle handelt. Im Gegensatz dazu finden sich im Totenbuch des SS-Standortarztamtes sowohl die „natürlichen" als auch die „unnatürlichen" Todesfälle, großteils jedoch nur für registrierte Häftlinge. Ein genauer Abgleich zwischen den verschiedenen Verzeichnissen bringt auch deutliche Unterschiede bei den Todesdaten oder den Opferzahlen zu Tage. Dazu wird auch im Urteil des Roth-Prozesses Stellung genommen:[9]

„[...] Im Konzentrationslager Mauthausen wurden alle Ermordungen durch Gas oder Genickschuß bei ihrer Eintragung in die Bücher verändert. Die Tötungsart wurde nicht ins Totenbuch eingeschrieben, aber, im Gegensatz zu den Gefangenen, die tatsächlich auf dem Exekutionsplatz erschossen oder erhängt wurden, findet man nur die allgemeine Anmerkung ‚erschossen' oder ‚erhängt', im Vergleich zu den sonst meist verwendeten Ausdrücken ‚nach Verurteilung exekutiert' oder exekutiert [...].

Daher kann es sich, wenn man im Totenbuch die Eintragung ‚exekutiert' an einem Tag, an dem eine Exekution stattgefunden hat, findet, sehr gut um eine Vergasung handeln, vor allem wenn die Anzahl der eingetragenen Opfer sehr hoch ist. Und sogar wenn im Totenbuch der Vermerk ‚erhängt' steht, können die Opfer in Wirklichkeit durch Genickschuß getötet oder in der Gaskammer erstickt worden sein. In Anbetracht des soeben Gesagten scheint es, daß die Vermerke über die Tötungsart im Totenbuch nur sehr wenig beweiskräftig sind, und daher kann sich das Gericht nur auf die Aussagen der Zeugen oder die Geständnisse der Angeklagten stützen, um die verschiedenen Anklagepunkte zu bestimmen."

Was die Vertuschung von Vergasung als „normale" Exekution betrifft, ist die Aussage von SS-Hauptscharführer Johann Haider, dem ersten SS-Lagerschreiber, am 5. Jänner 1962 vor dem Gericht erster Instanz in Köln sehr deutlich:[10]

„[...] Aber auch für die anderen Vergasungen, die in der Gaskammer stattfanden, im Lager Mauthausen, war der angegebene Todesgrund nicht ‚Vergasung', sondern immer ‚Exekution' [...]."

In Wirklichkeit war jedoch sogar der Ausdruck „Exekution" zu vermeiden:[11]

„[...] In Erwartung des Exekutionsbefehls wurden die Gefangenen ins Lager Mauthausen gebracht, und die Politische Abteilung vermerkte auf ihrem Akt ‚Sonderbehandlung' [...].“

Zusätzlich zu den eben besprochenen Totenbüchern finden sich in zahlreichen anderen Dokumenten Hinweise zu Todesfällen oder zur „Sonderbehandlung“, wie beispielsweise in einigen Karteien. Die Hingerichteten tauchen entweder in den diversen Abgangslisten oder in den täglich erstellten Veränderungsmeldungen auf, die von verschiedenen Dienststellen der Lagerverwaltung erstellt wurden (Lagerschreibstube, Politische Abteilung oder Bunkerverwaltung).

Die zwischen Mauthausen und anderen SS-Dienststellen geführte Korrespondenz bietet zahlreiche Informationen, wie z.B. jener Himmler-Erlass*, wonach bei allen Exekutionen im Lager (also auch bei allen Vergasungen) der Lagerarzt anwesend sein musste; diese Anwesenheit wurde durch zahlreiche Zeugenaussagen bestätigt.

Es gab im Lagerkomplex Mauthausen noch andere Totenbücher**, aber wir werden hier nur das Gusener „Operationsbuch“ des dortigen Reviers besprechen (vgl. Anhang 5.3).

5.1.5 Überprüfung des Totenbuches des Standortarztamtes anhand eines Sonderfalls

Dieser Sonderfall betrifft die Tage 22., 24. und 25. April 1945, für die im Totenbuch die zusätzliche Bemerkung „Im Zellenbau, Gaz“ zu finden ist (siehe Abb. 8).

Die Schreibung des Wortes „Gaz“ mit „z“ ist bemerkenswert, da ja die korrekte Schreibung im Deutschen mit „s“ wäre. Aber derjenige, der dieses Wort eintrug, Josef Ulbrecht, war Tscheche, wie aus dem Häftlings-

* Dessen Text beginnt wie folgt (zit. nach CDJC; XLVa, 59.):
„Der Reichsführer SS und Chef der Deutschen Polizei, Berlin, am 6. Jänner 1943
Anweisungen für den Ablauf der Exekutionen
A) Exekutionen im Lager
a) Der Exekution müssen beiwohnen
- der Schutzhaftlagerführer oder ein von ihm eingesetzter SS Führer;
- der Lagerarzt; [...].“

** Das Wissen um die Verfahrensweise mit bestimmten Dokumenten, seien sie hier erwähnt oder nicht, wurde mir durch Juan de Diego, dem ehemaligen Dritten Lagerschreiber, ermöglicht. Dafür möchte ich mich bei ihm herzlich bedanken.

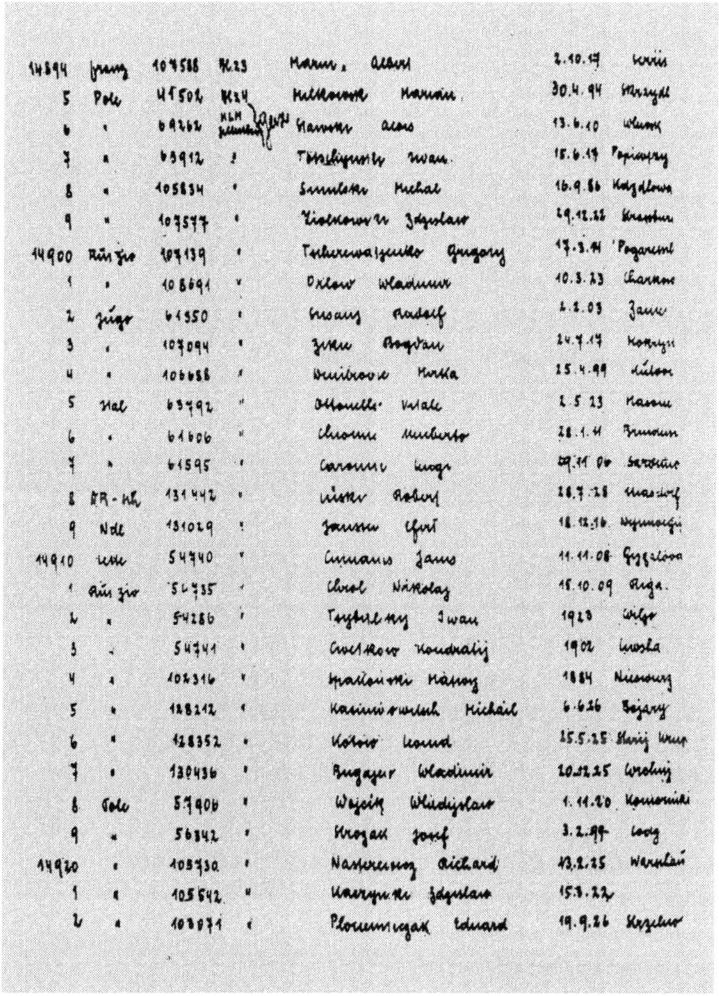

Abbildung 8: Seite aus dem Totenbuch des Standortarztamtes mit dem Zusatz „Gaz“ für April 1945. Das Datum ist auf dieser Abbildung nicht ersichtlich.

zugangsbuch, dessen Original in Paris liegt[12], entnommen werden kann. Ulbrecht schrieb, als die Massenvernichtungen der „Körperschwachen" aus dem Sanitätslager und aus dem Lager III vor den Augen des gesamten Lagers begannen, das Wort „Gaz" in das Verzeichnis. Er konnte damit die Vergasungen festhalten. Dieser Eintrag dürfte rein phonetisch vorgenommen worden sein, um das deutsche Wort „Gas" wiederzugeben, denn der tschechische Ausdruck dafür wäre „plyn" gewesen.

5.2 Anhang 2: Berechnung der Gesamtopferzahl der Gaskammer in Mauthausen

Um diese Berechnungen zu vereinfachen, ist es hilfreich, die sogenannten „Körperschwachen", soweit diese 1945 vergast wurden, von den anderen Opfern zu trennen und somit die bereits genannten Zahlen zu rekapitulieren:

5.2.1 Vergasungen in den Jahren 1942, 1943 und 1944

nach Kapitel 1.2.2 (Urteil Roth)	860 Opfer
nach Kapitel 1.2.4 (Anklage Roth)	116 Opfer
nach Kapitel 1.4 (Urteil Schulze)	70 Opfer
nach Kapitel 1.5 (nach Maršálek)	15 Opfer
Gesamtzahl	**1.061 Opfer**

5.2.2 Vergasungen 1945 ohne die „Körperschwachen"

nach Kapitel 1.2.2 (Urteil Roth)	412 Opfer
nach Kapitel 1.4 (Urteil Schulze)	50 Opfer
nach Kapitel 1.5 (nach Maršálek), April	532 Opfer
Gesamtzahl	**994 Opfer**

5.2.3 Vergasungen von „Körperschwachen" im Jahre 1945

Bezüglich dieser Vergasungen gab es bereits in den Kapiteln 1.2, 1.3 und 1.6 zahlreiche Hinweise:

- Für drei Apriltage (den 22., 24. und 25.) gab es laut Kapitel 1.6 mindestens 612 Opfer.
- Für den April können laut Kapitel 1.3 je nach Quelle folgende Opferzahlen erstellt werden: 1.441 Opfer[13] oder pro Tag 150 Opfer[14] oder 1.400 Opfer[15].
- Laut einer anderen Quelle[16] in Kapitel 3 können für März und April 1.400 Opfer eruiert werden.
- Für Jänner, Februar, März und April gab es laut Kapitel 1.2.4 mindestens 1.000 Opfer, von denen 420 mit der Beteiligung von Martin Roth vergast wurden (vgl. Kapitel 1.2.2).

Aus diesen Angaben kann geschlossen werden, dass die Mindestzahl der vergasten „Körperschwachen" für 1945 am ehesten bei 1.400 anzusetzen ist.

5.2.4 Gesamtzahl aller erwähnten Opfer

Durch die Addition der Vergasungsopfer von 1942, 1943, 1944 und 1945 kommt man auf eine Gesamtzahl von **3.455,** die auf jeden Fall eine Minimalschätzung darstellt. Diese Beurteilung kommt auch der Schätzung der Gesamtopferzahl durch den SS-Mann Niedermayer von 3.000[17] bzw. 4.000[18] sehr nahe.

5.3 Anhang 3: „Operationsbuch Gusen"

Es handelt sich dabei um ein im Revier von Gusen (Gusen I und II) geführtes Totenbuch mit der Bezeichnung „Operationsbuch". Das aus vier Heften und einem gebundenen Buch bestehende Verzeichnis liegt im Original in Wien.[19] Das „Operationsbuch" darf jedoch nicht mit dem Totenbuch des SS-Standortarztamtes verwechselt werden, das bereits im Anhang 5.1.1 behandelt wurde.

Dieses Operationsbuch enthält eine fortlaufende Nummer für jeden Toten. Die handschriftlichen Aufzeichnungen in diesem gebundenen Buch beginnen mit dem 13.561. Toten am 12. April 1943 und enden mit dem 1. Mai 1945. Für die weiteren Tage (2., 3., 4. und 5. Mai 1945) wurden noch mit der Schreibmaschine getippte Listen angefügt. Im Gegensatz zum Totenbuch des SS-Standortarztamtes finden wir hier noch zwei zusätzliche Spalten, eine mit dem Herkunftsblock des Häftlings (Spalte I) und eine mit dem Todesort (Spalte II).

Es ist klar ersichtlich, dass diese beiden Spalten für die normal eingetragenen Todesfälle die oben genannten Informationen enthalten, die auch von Zeile zu Zeile differieren. Für die großen Massaker in Gusen hingegen können zahlreiche identische Einträge ausgemacht werden, entweder in einer oder in beiden Spalten.

Es ist somit auch möglich, die Opferzahl der Vergasungen im April 1945 genau zu bestimmen, wie die von Stephanie Vitry durchgeführte Analyse beweist.[20]

5.3.1 Die erste Opfergruppe

Für den 22. April 1945 können 344 Namen festgestellt werden, zu denen aber noch die beiden Häftlinge Grzelak und Wozniak hinzugerechnet werden müssen, die gemeinsam mit dieser Gruppe vergast wurden; das wären insgesamt 346 Vergaste.

Tatsächlich wurden aber, wie wir gesehen haben, sechzehn Häftlinge aus Block 24 durch Jerzy Osuchowski gerettet, der für jene einen Identitätstausch mit bereits toten Häftlingen vornahm.

Das bedeutet, dass man für diese erste Gruppe von gesicherten 330 Vergasten ausgehen kann.

5.3.2 Die zweite Opfergruppe

Diese Toten wurden für den 22. (96 Tote) und den 23. April (233 Tote) eingetragen. Die zweite Opfergruppe umfasst daher 329 Vergaste.

Ein Eintrag „auf der Flucht erschossen“ bezieht sich auf den Versuch eines Häftlings, der noch zu den Stärksten gerechnet werden konnte, aus dem Block 31 zu entwischen. Diese Angabe verdanken wir der Zeugenaussage von Marius Colin gegenüber den amerikanischen Untersuchungsbehörden vom 9. Mai 1945.[21]

Die Gesamtzahl von 442 Opfern (346+96) für den 22. April stimmt auch mit der Schätzung von Marius Colin überein, der insgesamt 38 Karren mit jeweils zwölf Toten abtransportieren musste (das wären 456 Tote) und anmerkt, dass außerdem einige Tote noch später weggeschafft wurden. Diese Zahl stimmt auch mit der Angabe des im Mauthausen-Prozess verurteilten SS-Unterscharführers Kaufmann überein, der am 10. Oktober 1945 bei seiner Vernehmung Folgendes zu Protokoll gab:

Die beiden Häftlinge seines Kommandos, Grzelak und Wozniak, seien zusammen mit 450 Kranken aus Block 31 vergast worden. Diese Aussage wurde von Jerzy Osuchowski bereits in polnischer Übersetzung veröffentlicht.[22]

5.3.3 Opferzahlen der Massaker in Gusen II

Bezüglich der Massaker, die in Gusen II im selben Zeitraum verübt wurden, ist es wichtig hervorzuheben, dass mit den Anmerkungen in den Spalten I und II jede Verwechslung der Massaker mit den Vergasungen ausgeschlossen werden kann. Während für die Vergasungen in die Spalte II immer der Vermerk „31" oder „24" eingetragen wurde, blieb diese Spalte für die Opfer der Massaker durchgehend leer. In der Spalte I finden sich zwei verschiedene Einträge: „Bl." oder „23".

Die Gesamtzahl der Opfer dieser Massaker, die für den Zeitraum 22. bis 29. April 1945 eingetragen wurden, beträgt 871.

5.4 Bemerkungen zum Geständnis „ante mortem" von Franz Ziereis

Es soll hier der Versuch gemacht werden, das Geständnis von Ziereis vom 23. Mai 1945 neu zu lesen. Die verworrene Niederschrift der hier besprochenen Passage war bisher immer dahingehend interpretiert worden, dass in Hartheim vier Millionen Menschen getötet worden seien. Allein anlässlich dieser Zahl tauchten Zweifel auf, ob die Kapazität in Hartheim überhaupt dazu ausgereicht hätte.

Eine der deutschen Versionen dieses Geständnisses wurde von Dr. Antoni Goscinski verfasst, einem ehemaligen Häftling in Gusen. Nachdem er mit anderen Ziereis einvernommen hatte, übergab er sein Original an die US-Behörden.[23] Wenn man ein Komma in den fragwürdigen Satz einfügt, um ihn zu teilen, dann würde der Satz folgendermaßen lauten und sich auf zwei verschiedene Sachverhalte beziehen: *„[...] Ich zähle mindestens 20.000 Häftlinge, die gemeinsam mit den wirklichen Geisteskranken während eineinhalb Jahren vergast wurden [Komma], nach meinen Schätzungen etwa 4 Millionen Vergaste, da ich die Aktenstöße in der Höhle [von Hartheim] gesehen habe [...]."*

Wie wir bereits gesehen haben, behielt die T.4 Organisation immer die administrative Kontrolle über das T.4 Personal der Aktion Reinhard. Der

Großteil der Lagerkommandanten der Vernichtungslager, die zuvor noch andere Funktionen in Hartheim hatten (Wirth, Stangl, Reichleitner), gehörte zur T.4. Wir haben auch gesehen, dass ab 8. August 1943 bestimmte T.4 Dienststellen (vor allem die Finanzausgleichsabteilung) in Hartheim eingerichtet wurden. So wird die Behauptung von Ziereis, derartig hohe Opferzahlen in den Dokumenten im Keller von Hartheim gesehen zu haben, verständlich: Sie betrafen die Aktion Reinhard.

Die Erklärung, die ich hier vorschlage, wird aus folgendem Grund noch plausibler: Ziereis wollte weiter unten in seinem Geständnis die Größenordnung für die Massaker im Osten angeben und sagte in ähnlichem Wortlaut, dass nach seinen Schätzungen *„[...] etwa 10 Millionen Menschen in den Gebieten von Warschau, Kowno, Riga und Libau getötet wurden [...].“*

Eine der englischen Übersetzungen des Originals, die oft zitiert wird, ist besonders irreführend und falsch: Man kann dort in Bezug auf die eben besprochene Passage lesen, dass tatsächlich jährlich 2 Millionen Gefangene in Hartheim vergast worden seien![24]

Es stimmt, dass man zu Beginn seines Geständnisses, weit vor der hier besprochenen Passage, lesen kann: *„[...] es gab 1 bis 1,5 Millionen Getötete [...] in Hartheim. Im Lager wurden diese vergasten Gefangenen als normale Todesfälle eingeschrieben [...]“.* Das ist auch völlig unverständlich.

Hier muss jedoch eingeräumt werden, dass unter den Umständen der Einvernahme des sterbenden Ziereis durch mehrere Personen, einzelne Aussagen in chaotischer Weise niedergeschrieben wurden, die dann noch reingeschrieben und redigiert werden mussten. Daher rührt wahrscheinlich auch die nochmalige Erwähnung der Opfer von Hartheim, aber diesmal in Bezug auf die T.4 Akten im Keller.

Ein weiteres Problem in der Bewertung dieses Geständnisses resultiert auch aus der Existenz zweier, vollkommen unterschiedlicher Dokumente, die aber in den Nürnberger Prozessakten unter derselben Signatur aufscheinen (3870 PS):

Ein Dokument[25], das in Yad Vashem liegt, kommt dem oben beschriebenen Text sehr nahe[26]; davon existiert aber auch eine neuere, nicht ganz deckungsgleiche Version.

Das zweite Dokument, das auch in den veröffentlichten Prozessakten zu finden ist[27], ist im Gegensatz dazu eine Erklärung von Hans Maršálek vom 6. April 1946. Dort präsentiert er, nachdem seine Beteiligung an der von Goscinkski durchgeführten Einvernahme von Ziereis bestätigt

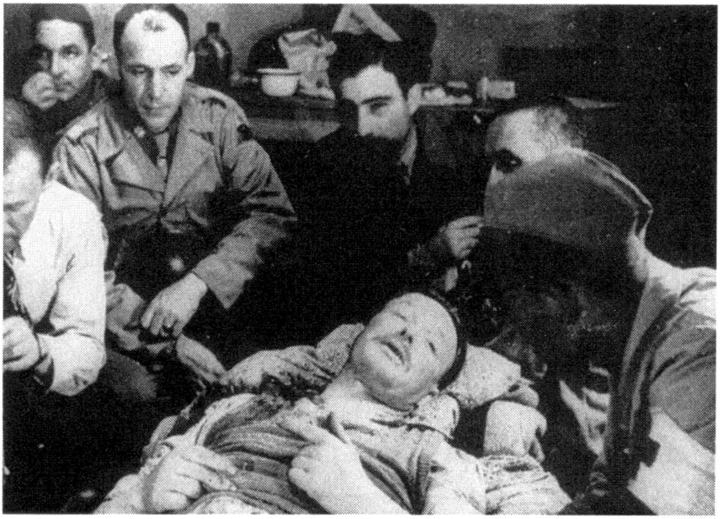

Abbildung 9: Franz Ziereis während seiner Einvernahme in Gusen, Mai 1945

wurde, eine freie Interpretation, die keinesfalls als Originalprotokoll der Einvernahme angesehen werden darf. In diesem Text findet man beispielsweise auch jene Passage nicht, die den Anstoß zu diesem Kapitel gegeben hatte.

Die hier vorgestellte Erklärung macht die Opferzahlen im Ziereis-Geständnis endlich nachvollziehbar und erlaubt es auch, alle darin enthaltenen Aussagen ohne größere Vorbehalte in Bezug auf den Geisteszustand von Ziereis so kurz vor seinem Tod, die durch jene Zahlenangaben verursacht wurden, zu berücksichtigen.

6 ABBILDUNGEN

Quellennachweis:

AMM Archiv Museum Mauthausen, Wien.
ZSL Zentrale Stelle der Landesjustizverwaltungen, Ludwigsburg.
ADF Archives de France, Paris und Caen
NA US National Archives, College Park, Maryland.
GKP Hauptkommission, Warschau.

Abbildung 1 Das Krematorium von Mauthausen, Planausschnitt (ZSL) **94**
Abbildung 2 Fotografie des Zyklon B Vergasungsapparates (NA) **98**
Abbildung 3 Seite aus dem Verzeichnis der „unnatürlichen Todesfälle“ (AMM) **104**
Abbildung 4 Veränderungsmeldung für den 19. November 1943 (AMM) **106**
Abbildung 5 Brief des SS-Obersturmbannführers Rauff bezüglich der Lieferung eines Sonderwagens nach Mauthausen (ZSL) **134**
Abbildung 6 Auszug aus dem Gusener Totenbuch des SS-Standortarztes (ADF) **141**
Abbildung 7 Transportliste von Gusen nach Mauthausen vom 8. Juli 1943 (GKP) **142/143**
Abbildung 8 Seite aus dem Totenbuch mit dem Zusatz „Gaz“ (ADF) **157**
Abbildung 9 Franz Ziereis während seiner Einvernahme in Gusen, Mai 1945 (AMM) **163**

7 ARCHIVE

ADF Archives de France, Paris.

ADM Amicale des déportés de Mauthausen, 31, bd Saint-Germain, 75005 Paris.

AMM Archiv Museum Mauthausen, Bundesministerium für Inneres, Wien.

CDJC Centre de documentation juive contemporaine, Paris.

GKP Glowna Komisja badan zbrodni hitlerowskich (Hauptkommission), Warschau.

IMT Nürnberger Hauptkriegsverbrecherprozess, französische Ausgabe.

ISD Internationaler Suchdienst, Arolsen.

IZM Institut für Zeitgeschichte, München.

NA The US National Archives, College Park, Maryland.

PMO Panstwowy Museum w Oswiecimiu, Staatliches Museum Auschwitz.

WL Wiener Library, London.

YV Yad Vashem, Jerusalem.

ZSL Zentrale Stelle der Landesjustizverwaltungen, Ludwigsburg.

8 QUELLENNACHWEIS

8.1 gedruckte Werke

BRANNY, Léon: Patrzylem smiercie w oczy, Katowice o.J.
CHOUMOFF, Pierre Serge: Les Chambres à gaz de Mauthausen, Paris 1972.
DOBOSIEWICZ, Stanislaw: Mauthausen/Gusen, Warschau 1977.
DRESSEN, Willi: in: Kogon et al., Kapitel III.
GEBIK, Wladislaw: Z diablami na ty, Danzig 1972.
HIEMSTRA-TIMMENGA, A.: Geschiedwerk, n° 97, Amsterdam 1959.
KLEE, Ernst: Euthanasie im NS-Staat, Ffm. 1983.
KLEE, Ernst: Was sie taten, was sie wurden, Ffm. o.J.
KOGON, Eugen et al. (darunter P. S. Choumoff): Les Chambres, à gaz, secret d.État, Paris 1984. Übersetzungen: Nationalsozialistische Massentötungen durch Giftgas, Ffm. 1983 und Nazi Mass Murder, Yale 1994.
KOSIEK, Albert J.: Liberation of Mauthausen, in: Thunderbolt, 11th Armored Division Association, Heft Mai-Juni, Washington 1985.
MANN, Thomas: Appels aux Allemands, o.O. 1985.
MARŠÁLEK, Hans: Die Geschichte des Konzentrationslagers Mauthausen, Wien 1995.
NOSEK, Karel: Krvavé Kaskady, Prag 1948.
OSUCHOWSKI, Jerzy: Gusen, Przedsionek Piekla, Warschau 1961.
OSUCHOWSKI, Jerzy: Zagazowanie wiezniow z bloku 24 w Gusen, in: Przeglad Lekarski n° 1 Krakau 1969.
OSUCHOWSKI, Jerzy: Zagazowanie jencow radzieckich w Gusen, in: Przeglad Lekarski, n° 1, Krakau 1970.
POLTORAK, Arkadi: Le Procès de Nuremberg, Moskau 1969.
RATHKOLB, Oliver: Gesellschaft und Politik am Beginn der zweiten Republik, Wien 1985, S.24.
SPEKTOR, Shmuel: in: Kogon et al, Kapitel IV.
WELLERS, Georges: in: Kogon et al, Kapitel IX.
WLAZOWSKI, Zbigniew: Przy Kamieniolomy i Kolczasty drut, Krakau 1974.
WLAZOWSKI, Zbigniew: Szpital w obozie Koncentracyinym Gusen, in: Przeglad Lekarski, n° 1, Krakau 1967, S.115.

WLAZOWSKI, Zbigniew: Gruzlica pluc i postepowanie z chorymi na gruzlice w obozie Koncentracyinym Gusen, in: Przeglad Lekarski, n° 1, Krakau 1968, S.99.

VITRY, Stéphanie: Les Morts de Gusen, Magisterarbeit an der Université de Paris I Panthéon-Sorbonne, Paris 1994, S.121/125.

8.2 Archivdokumente

ADF 72 AJ.369

ADM.

AMM B 12/3/1–5, Original.

AMM „Chronik des KLM".

AMM H 9/3.

AMM M 5/1, Original in PMO.

AMM M 5/1, Original in PMO, 6/34.

AMM M 5/1, Original in PMO, 6/74.

AMM M 5/1, Original in PMO, 6/152, 6/153.

AMM M 5/1, Original in PMO, 137.

AMM M 5/1, Original in PMO, 748.

AMM M 5/1, Original in PMO, 4652.

AMM M 5/4.

AMM M 5/6, unvollständige Kopie des Originals im ISD: OCC 15/32.

AMM M 5/7, Original mit Notiz von Maršálek vom 16. November 1973, in PMO, 135.

AMM M 5/14.

AMM M 5/17, original.

AMM M 6/ 1, ISD: OCC, 15/31 a–c; Original im Tschechischen Staatsarchiv, Prag.

AMM M 1/9, Original in NA.

AMM M 9a/1, Original.

AMM V 3/8, Original.

AMM V 3/14.

CDJC XLV a, 59.

GKP Sygn. Mauthausen 17/64, 65.

NA case n° 000–50–5, RG 153 (Prozess Altfuldisch) und RG 338.

NA Ibid, Review and Recommandations, März 1946, S.33; Kopie in ZSL.

NA Ibid, Review and Recommandations 17 Februar 1948; Original in NA Record Group, 338.

NA case n° 000–50–5–31, RG 338, „Trial Data from Parent Case, US versus Altfuldisch et al., Februar 1947“, S.6.
NA Original; Mikrofilm T 990; und AMM, Mikrofilm Y 33.
NA original; Kopie ISD: OCC, 15/29; Kopie im Ministère des Anciens Combattants, Caen.
NA original; und AMM, Mikrofilm Y 34; Kopie ISD: OCC, 15/30 g.
PMO Sonderheft: Auschwitzhefte, 1972, S.44.
YV M 8/BD/MAUT/18.

8.3 Nürnberger Prozessakten

D.626, CDJC, CCCXLIX, 48.
D.626 (USA, Ex 810), NA, case n° 000–50–5, RG 238.
NI 7.959, Kopie AMM, M 9/8
NI 11.092, Kopie CDJC, CLXIII, 4.
NI 11.093, Kopie CDJC, CLXIII, 5.
NI 11.097, Kopie CDJC, CLXIII, 9.
NI 11.951, Kopie CDJC, CLXVI, 17.
NI 11.952, Kopie CDJC, CLXVI, 18.
2.176–PS (Exh. 26), Kopie IZM, p.834, 836, 837.
2.176–PS (Exh. 53), Kopie WL.
2.176–PS (Exh 209, 210), PS, JAD, 3rd US Army, Kopie WL.
2.176 (216)–PS in IMT, XXIX, S.311.
2753–PS in IMT, XXXI, S.93.
3845–PS in IMT, XXXIII, S.213–229.
3870–PS, YV, 018/288.
3870–PS in IMT, XXXIII, S.279–286.

8.4 Gerichtsakten

ZSL IV, 419, AR 146/69, S.53–59.
Ibid. (97), S.123 (Köln, 130 Js 16/73, Z, 21 Mai 1973).
ZSL IV, 419, AR 2274/67, Landgericht Hagen, Beschluss, 4 Str 430/72.
Ibid. (99), Anklageschrift.
ZSL IV, 419, AR 3424/65, S.284/285 (EA, 56, 121, 18/69, Wien, 20 November 1969, S.13/14).
Ibid. S.413 (24 Js 33/65, Z, 1. Juni 1970, S.1).
Ibid. S.415 und 8 (24 Js 33/65, Z, 1. Juni 1970, S.3) und (24 Js 33/65, Z, 16. November 1955, S.3).

Ibid. S.418 und 416 (24 Js 33/65, Z, S.6, 4).
ZSL IV, 419, AR, Z, 109/59, S.172, 175, 176, Landgericht Köln, Beschluss (24 JS 1599/158, Z, 9 Juni 1964, S.3, 6, 7).
Ibid. S.717 (30 UR 9/58, 10 März 1959, S.10).
Ibid. S.4239, 4240 (24 Js 1599/58, Z, 31. Juli 1963, S.4/5).
Ibid. (24 Js 1599/58, Z), Exh. P 75, S.285 (StA Wiesbaden, 2Ks 2/51, BI. 232, 234).
Ibid. Exh. P 79, S.289, 299 (Ibid., BI. 242, 243).
Ibid. Exh. P 80, S.302, 303 (Ibid., BI. 243, 245).
Ibid. Exh. P 81, S.305, 306 (Ibid., BI. 246).
Ibid. Exh. P 82, S.307 (Ibid., BI. 247).
Ibid. Exh. P 101, S.317, 318 (Ibid., BI. 254, 256).
ZSL, 9, AR, Z 153/59 (Ks 4/59, Ks 2/60 LG Kempten, Urteil, 8. Juli 1960, S.43).
ZSL 9, AR, Z 340/59 (20 UR 9/58, 20. Oktober 1962, S.17/18).
ZSL 419, AR 64/1963, S.56 a (ZL P/J, 1000, 67/59).
ZSL 419, AR, 328/63 (24 AR 57/63, Z, 17. Februar 1964) enthält einen Auszug aus: USFA, WC, 28, vollständiger als: 3845, PS.
ZSL 419, AR 3322/65, S.960 (24 Js 88/70, Z, 20. November 1970, S.2).
Ibid. S.964 (3 P [K], Js 56/62).
Ibid. S.972 (30 UR 9/58, 10. März 1959, 1, 1149/2, 1966, Innsbruck, 16. März 1966, S.3).
ZSL AR 64/1963, Bd IV, BI. 29, Dokument Nr LO.082 (3 Js 46/51, 7 VU 1/62, Wiesbaden, 25. März 1964, S.18).
ZSL AR, Z 61/1961, S.32.

9 ANMERKUNGEN

1 Vergasungen in der Gaskammer des Lagers Mauthausen

1 ZSL IV, 419, AR 2274/67, Landgericht Hagen, Beschluss, 4 Str 430/72.
2 WELLERS (1984): S.257/258.
3 AMM M5/14.
4 ZSL IV, 419, AR 2274/67, Landgericht Hagen, Beschluss, 4 Str 430/72., S.95–99.
5 AMM M 5/1.
6 AMM M 5/1.
7 AMM M 5/1.
8 AMM M 5/1.
9 AMM M 5/1.
10 MARŠÁLEK (1995): S.323
11 ZSL IV, 419, AR 2274/67, Landgericht Hagen, Beschluss, 4 Str 430/72., S.129–133.
12 AMM M5/1.
13 ZSL IV, 419, AR 2274/67, Landgericht Hagen, Beschluss, 4 Str 430/72., (99) Anklageschrift,S.V.
14 AMM M5/1.
15 POLTORAK (1969): S.290–293.
16 ZSL 419, AR 64/1963, p.56 a (ZL P/J, 1000, 67/59).
17 2753–PS in: IMT, XXXI, S.93.
18 NA, case n° 000–50–5–31, RG 338, Trial Data from Parent Case, US versus Altfuldisch et al., Februar 1947, S.6.
19 D.626, CDJC, CCCXLIX, 48.; D.626 (USA, Ex 810), NA, case n° 000–50–5, RG 238. und 2.176–PS (Exh 209, 210), PS, JAD, 3rd US Army, Kopie WL.
20 3870–PS in: IMT, XXXIII, S.279–286 unvollständig.
21 D.626 (USA, Ex 810), NA, case n° 000–50–5, RG 238.
22 ZSL IV, 419, AR, Z, 109/59, S.4239/4240 (24 Js 1599/58, Z, 31. Juli 1963, S.4/5).
23 ZSL 9, AR, Z 340/59 (20 UR 9/58, 20. Oktober 1962, S.17/18), S.1535.
24 ZSL IV, 419, AR, Z, 109/59, Exh. P 79, S.289, 299 (StA Wiesbaden, 2Ks 2/51, BI. 242/243).

25 ZSL IV, 419, AR, Z, 109/59, Exh. P 80, S.302/303 (StA Wiesbaden, 2Ks 2/51, BI. 243–245).
26 ZSL IV, 419, AR, Z, 109/59, Exh. P 82, S.307 (StA Wiesbaden, 2Ks 2/51,BI. 247).
27 ZSL IV, 419, AR, Z, 109/59, Exh. P 81, S.305/306 (StA Wiesbaden, 2Ks 2/51, BI. 246).
28 ZSL IV, 419, AR, Z, 109/59, Exh. P 81, S.305/306 (StA Wiesbaden, 2Ks 2/51, BI. 246).
29 ZSL IV, 419, AR, Z, 109/59, Exh. P 101, S.317/318(StA Wiesbaden, 2Ks 2/51, BI. 254, 256).
30 ZSL IV, 419, AR, Z, 109/59, (24 Js 1599/58, Z), Exh. P 75, S.285 (StA Wiesbaden, 2Ks 2/51, BI. 232, 234).
31 NA, case n° 000–50–5–31, RG 338, Trial Data from Parent Case, US versus Altfuldisch et al., Februar 1947, S.6.
32 CHOUMOFF (1972): S.20ff.
33 CHOUMOFF (1972): S.20ff.
34 ZSL IV, 419, AR, Z, 109/59, S.172, 175, 176, Landgericht Köln, Beschluss (24 JS 1599/158, Z, 9. Juni 1964, S.3, 6, 7).
35 MARŠÁLEK (1995): S.236/237
36 AMM M 6/1.
37 AMM M 5/4.
38 AMM V3/14.
39 AMM „Chronik des KLM".
40 AMM M 5/7.
41 AMM M 5/17.
42 AMM Y 33 und NA T990.
43 Vgl. dazu Kapitel 5.1.1 und Abb.8.
44 ZSL 419, AR 3322/65, S.960 (24 Js 88/70, Z, 20. November 1970, S.2).
45 NI 11.951, Kopie CDJC, CLXVI, 17.
46 2.176 (216)–PS in: IMT, XXIX, S.311, abgedruckt in: Choumoff (1972): S.28.
47 NI 11.097, Kopie CDJC, CLXIII, 9.
48 NI 11.952, Kopie CDJC, CLXVI, 18.
49 NI 7.959, Kopie AMM M 9/8 und NI 11.093, Kopie CDJC, CL-XIII, 5.
50 NI 11.092, Kopie CDJC, CLXIII, 4.
51 CHOUMOFF (1972): S.25.

52 NOSEK (1948): S.256.
53 Im Besitz des Autors.
54 3845–PS in: IMT, XXXIII, S.213–229.
55 BRANNY (o.J.)
56 Im Besitz des Autors.
57 NA, case n° 000–50–5, RG 153 (Prozess Altfuldisch) und RG 338., S.92–126.
58 AMM M5/14.
59 ZSL IV, 419, AR 2274/67, Landgericht Hagen, Beschluss, 4 Str 430/72., S.81–83.
60 KOSIEK (1985): S.5.
61 ADF, 72AJ.369.

2 Vergasungen im Nebenlager Gusen

1 NA case n° 000–50–5, Review and Recommandations 17. Februar 1948; Original in: NA Record Group, 338.
2 NA case n° 000–50–5, R 271.
3 NA case n° 000–50–5, R 243.
4 NA case n° 000–50–5, R 513–538.
5 ZSL IV, 419, AR 3424/65, S.284/285 (EA, 56, 121, 18/69, Wien, 20. November 1969, S.13/14).
6 WLAZOWSKI (1974): S.80/81
7 Übersetzung aus dem Polnischen von P. S. Choumoff vgl. CHOUMOFF (1972): S.57.
8 OSUCHOWSKI (1961): S.130–132 und OSUCHOWSKI (1970): S.219/220.
9 DOBOSIEWICZ (1977): S.346.
10 ZSL IV, 419, AR 3424/65, S.413 (24 Js 33/65, Z, 1. Juni 1970, S.1).
11 ZSL IV, 419, AR 3424/65, S.415 und 8 (24 Js 33/65, Z, 1. Juni 1970, S.3) und (24 Js 33/65, Z, 16. November 1955, S.3).
12 NA case n° 000–50–5, Review and Recommandations, März 1946, S.33; Kopie in: ZSL.
13 DOBOSIEWICZ (1977): S.318.
14 WLAZOWSKI (1974): S.143–147.
15 GEBIK (1972): S.289, 296.
16 OSUCHOWSKI (1961): S.172–174, 206.
17 OSUCHOWSKI (1961): S.172–174, 206.

18 OSUCHOWSKI (1969): S.177–181.
19 CHOUMOFF (1972) S.58.
20 ZSL 419, AR 3322/65, S.964 (3 P [K], Js 56/62).
21 WLAZOWSKI (1967): S.115 und WLAZOWSKI (1968): S.99.
22 NA case n° 000–50–5, Review and Recommandations, März 1946, S.33; Kopie in: ZSL.

3 Vergasungen in Sonderwagen (Gaswagen)

1 vgl. SPEKTOR (1984).
2 DRESSEN (1984): S.55ff.
3 ZSL 9, AR, Z 153/59 (Ks 4/59, Ks 2/60 LG Kempten, Urteil, 8. Juli 1960, S.43), S.383/384.
4 ZSL 9, AR, Z 153/59 (Ks 4/59, Ks 2/60 LG Kempten, Urteil, 8. Juli 1960, S.43), S.385.
5 CHOUMOFF (1972): S.31.
6 YV, M 8/BD/MAUT/18.
7 ZSL IV, 419, AR, Z, 109/59, S.717 (30 UR 9/58, 10. März 1959, S.10).
8 ZSL 419, AR 3322/65, S.972 (30 UR 9/58, 10. März 1959, 1, 1149/2, 1966, Innsbruck, 16. März 1966, S.3).
9 ZSL AR, Z 61/1961, S.32.
10 ZSL AR 64/1963, Bd IV, BI. 29, Dokument Nr LO.082 (3 Js 46/51, 7 VU 1/62, Wiesbaden, 25. März 1964, S.18).
11 vgl. SPEKTOR (1984).
12 ZSL IV, 419, AR 146/69, S.53–59.
13 WELLERS (1984): S.256
14 ZSL 9, AR, Z 153/59 (Ks 4/59, Ks 2/60 LG Kempten, Urteil, 8. Juli 1960, S.43), S.54.
15 AMM V 3/8, S.24/25.
16 ZSL 419, AR, 328/63 (24 AR 57/63, Z, 17. Februar 1964).
17 NA case n° 000–50–5, RG 153 und RG 338, S.2518, 2523.
18 NA case n° 000–50–5, RG 153 und RG 338, box340.
19 GKP Sygn Mauthausen 17/64, 65.
20 AMM M6/1.
21 AMM B 12/3/1–5.
22 AMM Y 33 und NA T990.
23 2.176–PS (Exh. 53), Kopie WL.
24 NA case n° 000–50–5, RG 338, box 340.

4 Zahl der Opfer durch Vergasung

1 CHOUMOFF (1972): S.69.
2 MANN (1985): S.126/127 und 160.

5 Anhang

1 AMM H 9/3.
2 AMM Y 33 und NA T990.
3 NA original; Kopie ISD: OCC, 15/29; Kopie im Ministère des Anciens Combattants, Caen.
4 CHOUMOFF (1972): S.69/70.
5 AMM Y 34.
6 AMM M 6/1.
7 AMM M 1/9.
8 AMM M 5/6.
9 ZSL IV, 419, AR 2274/67, Landgericht Hagen, Beschluss, 4 Str 430/72, S.92.
10 ZSL 9, AR, Z 340/59 (20 UR 9/58, 20. Oktober 1962, S.17/ 18), S.1534.
11 ZSL IV, 419, AR 2274/67, Landgericht Hagen, Beschluss, 4 Str 430/72, S.85.
12 ADM. und AMM Y 36.
13 NA case n° 000–50–5, RG 153 (Prozess Altfuldisch) und RG 338, S.422–450.
14 ZSL IV, 419, AR, Z, 109/59, Exh. P 101, S.317/ 318 (StA Wiesbaden, 2Ks 2/51, BI. 254, 256).
15 ZSL IV, 419, AR 3424/65, S.418 und 416 (24 Js 33/65, Z, S.6, 4).
16 ZSL, IV, 419, AR, Z, 109/59, Exh. P 80, S.302/303 (StA Wiesbaden, 2Ks 2/51, BI. 243, 245) und ZSL, IV, 419, AR, Z, 109/59, Exh. P 81, S.305/ 306 (StA Wiesbaden, 2Ks 2/51, BI. 246).
17 ZSL IV, 419, AR, Z, 109/59, Exh. P 82, S.307 (StA Wiesbaden, 2Ks 2/51, BI. 247).
18 ZSL, IV, 419, AR, Z, 109/59, Exh. P 80, S.302/303 (StA Wiesbaden, 2Ks 2/51, BI. 243, 245).
19 AMM B 12/3/1–5.
20 VITRY (1994): S.121–125.
21 2.176–PS (Exh. 26), Kopie IZM, S.834, 836, 837.
22 OSUCHOWSKI (1961): S.206.

23 D.626 (USA, Ex 810), NA case n° 000–50–5, RG 238.
24 D.626, CDJC, CCCXLIX, 48.
25 3870–PS, YV, 018/288.
26 D.626 (USA, Ex 810), NA, case n° 000–50–5, RG 238.
27 3870–PS in: IMT, XXXIII, S.279–286 (unvollständig).

10 PERSONEN- UND ORTSINDEX

Erläuterungen:
Die fett gedruckten Seitenzahlen beziehen sich auf eine Zeugenaussage.
Die Erläuterungen in Klammer (Häftling oder SS Mauthausen) inkludieren auch das Nebenlager Gusen.

Albertini, Francesco (Häftling Mauthausen) 128
Altfuldisch, Hans (SS Mauthausen) 109, **111**
Auschwitz (Konzentrations- und Vernichtungslager) 79, 120

Bachmayer, Georg (SS Mauthausen) 109, 110
Bardon, B. (Mechaniker Mauthausen) 149
Baumgartner, Johann (Pfleger Niedernhart) 36
Becker, August (Chemiker, KTI) 31, 40
Becker, Hans Joachim (Hartheim) 60
Belzec (Vernichtungslager) 31
Berlin-Buch (Pflegeheim, T.4) 42, 52
Bernburg an der Saale (T.4 Anstalt) 32, 42, 79
Bindner, Anna (Krankenschwester Niedernhart) **33,** 52
Blöser, Georg (SS Mauthausen) **70**
Bollhorst, Heinz (SS Mauthausen) 108
Bouhler, Philip (Reichsleiter) 29, 55
Brack, Viktor (SS Kanzlei des Führers) 74
Brandenburg an der Havel (T.4 Anstalt) 31, 32, 52
Brandt, Edmund (T.4) 44f.
Brandt, Karl (Leibarzt Hitlers) 29, 31, 47
Branny, Léon (Häftling Mauthausen) 119
Braune (Pastor, Proteste gegen T.4) **42**
Brust, Rudolf (SS Mauthausen) **56f.**
Buchenwald (Konzentrationslager) 78, 79
Bukowski, Ignacy (Häftling Mauthausen) 119
Busek, Vratislav (Häftling Mauthausen) **74,** 111

Chelm oder Cholm II (Tarnbegriff für Judenmorde) 52
Chelmno (Vernichtungslager) 24
Chmielewski, Karl (SS Mauthausen) 56, 62, 126
Climent-Sarrion, Casimir (Häftling Mauthausen) 23, 60
Colin, Marius (Häftling Mauthausen) **160**
Czermak, Hans (Arzt, Tirol) **48ff.**

Dachau (Konzentrationslager) 57, 64ff., 78
Damart, Casismir (Häftling Mauthausen) 68f.
Dameron, Charles H. (US Soldat) 43
Diego, Juan de (Häftling Mauthausen) 68
Dobias, P. J. (Häftling Mauthausen) 121
Dreßen, Willi (Oberstaatsanwalt, ZSL) 30, 45

Eglfing-Haar (Pflegeheim, T.4) 51f.
Eichmann, Adolf (SS, RSHA) 76
Eigruber, August (SS, Gauleiter) 33, **63f.**, 101
Eisenhöfer, Heinrich (SS Mauthausen) **117**
Entress, Friedrich (SS-Arzt Mauthausen) **67,** 74, 109
Estey, Hayden (US Soldat) 121

Fassel, Werner (SS Mauthausen) 95, 102
Felicitas, Schwester (Krankenschwester Niedernhart) 52
Fiegl, Rudolf (Kapo Mauthausen) 123, 126, **138f.**
Fischer, Leopold (Angestellter bei Slupetzky) 124
Flossenbürg (Konzentrationslager) 56
Fullgraf, Herbert (SS Mauthausen) 70

Galen, Clemens August von (Bischof von Münster) 43
Gallus, Jan (polnischer Arzt) 30
Gärtner (Arzt, Kaufbeuren) 51
Gaudin, Ange (Häftling Mauthausen) 113
Gebik, Wladyslaw (polnischer Autor) 128
Gelny, Emil (Arzt, Gugging) 50
Gerber, Gérard-Louis (SS Mauthausen) 110
Gerbig, Emil (SS Mauthausen) 72, 149
Glücks, Richard (SS, WVHA) 56, 67, 108, 120
Golembski, Adam (Häftling Mauthausen) **74ff.**
Goscinski, Antoni (Häftling Mauthausen) 123, 161ff.
Grafeneck (T.4 Anstalt) 32, 42
Groß-Rosen (Konzentrationslager) 56, 79
Großschweidnitz (Pflegeheim, Sachsen) 50
Gugging (österreichische Nervenheilanstalt) 50
Gürtner, Franz (Justizminister) 41

Hadamar (T.4 Anstalt) 32
Haider, Hans (SS Mauthausen) 67, **108, 155**
Haina (Pflegeheim, Hessen) 49
Harrer, Karl (Krankenpfleger Niedernhart) **32f.**
Hartl, F. (SS Mauthausen) 149
Heydrich, Reinhard (SS, RSHA) 101, 105
Himmler, Heinrich (Reichsführer-SS) 42, 55, 63, 120
Hitler, Adolf 29
Hödl, Franz (SS Mauthausen) 34
Höllriegl, Alois (SS Mauthausen) **107**

IG Farben (CO Lieferung) 40, 77

Jackson, Basil A. (US Soldat) 121
Jurist (Häftling Mauthausen) 120
Justo, Miguel (Häftling Mauthausen) 77

Kaczmarek, Marian (Hauptkommission) 30
Kaisers-Kaffee Geschäft (Tarnung für Gaswagen) 30

Kaltenbrunner, Ernst (SS, RSHA) 63, 107
Kaminski, Jan (Häftling Mauthausen) **123f.**
Kammerer, Hans (Häftling Mauthausen) **136,** 140
Kanduth, Hans (Häftling Mauthausen) 96, **107,** 118, **137,** 139
Kaufbeuren (Pflegeheim, Bayern) 48ff.
Kaufmann, Adolf Gustav (Inspektion T.4) 34
Killermann (SS Mauthausen) 126
Klebelsberg (Arzt Solbad Hall) 49
Konieczny, Adam (Häftling Mauthausen) 127f.
Kosiek, Albert J. (US Soldat) **121**
Kowalewski, Mieczyslaw (Häftling Mauthausen) 57
Kowalski, Josef (Häftling Mauthausen) 124
Krebsbach, Eduard (SS Mauthausen) 99, 102, 108, **109,** 131
Kreyssig, Lothar (Richter, Brandenburg) **41f.**
Krüger (SS Mauthausen) 132

Lange, Herbert (Sonderkommando) 30f.
Lenz, Hans Heinrich (Hartheim) 63
Lewicki, Tadek (Häftling Mauthausen) 119
Lisberg, Franz (Häftling Mauthausen) **126f.**
Lolling, Enno (SS-Arzt, WVHA) 64
Lonauer, Rudolf (Arzt, Hartheim und Niedernhart, T.4) 32, 49, 56, 57, 62f., 64, 78
Lorent, Robert (T.4, Berlin) 60
Lublin (polnisches Ghetto) 52
Ludwigshafen (IG Farben) 40
Lukijantschuk, Dimitri (Häftling Mauthausen) 125

Maïdanek (Vernichtungslager) 24, 76
Mallerschitz, Alois (SS Mauthausen) **70**
Mann, Thomas 24f., 152
Maršálek, Hans (Häftling Mauthausen) 23, 68, 115f., 136f., 161ff.
Martin, Ernst (Häftling Mauthausen) 133, 153
Mauer-Öhling (österreichisches Pflegeheim) 48, 50
Mennecke, Fritz (Arzt, T.4) 56, 57, **64**
Milikitch, Georges (Häftling Mauthausen) 113
Molke, Alfred (Häftling Mauthausen) 125
Muthig, Julius (SS-Arzt, Dachau) 64, 66

Neuengamme (Konzentrationslager) 56
Neustadt (Pflegeheim, Schleswig) 52
Niederhagen (Konzentrationslager) 56
Niedermayer, Josef (SS Mauthausen) **109f.,** 159
Niedernhart (österreichische Nervenheilanstalt) 32f., 48
Nogaj, Stanislaw (Häftling Mauthausen) 127
Nohel, Vinzenz (Heizer in Hartheim) **36ff.,** 78, 152
Nosek, Karl (Häftling Mauthausen) **118**

Odria-Ibarlucea, Jose (Häftling Mauthausen) 58, 60f.

Ornstein, Wilhelm (Häftling Mauthausen) 96, 119
Orschler (Häftling Mauthausen) 132, 139
Osuchowski, Jerzy (Häftling Mauthausen) 125, 128
Owinsko (Owinsk, polnisches Pflegeheim) 30

Pacheco, Mauricio (Häftling Mauthausen) 77
Passard, Maurice (Häftling Mauthausen) 113, 128
Père Jacques (Häftling Mauthausen) 21, 113
Petchot-Baqué, Armand (Häftling Mauthausen) 112
Podlaha, Josef (Häftling Mauthausen) 111, **132,** 139
Polster, Johann (Häftling Mauthausen) 119
Poltorak, Arkadi (Nürnberger Gerichtshof) 105
Poprawka, Frantisek (Häftling Mauthausen) **137f.**, 139
Poznan (polnische Stadt, erste Gaskammer) 30
Prochno (SS Mauthausen) 135

Rascher, Siegmund (SS-Arzt, Dachau) 66
Rauff, Walter (SS, RSHA) 133f., 140, 149
Ravensbrück (Konzentrationslager) 56, 73, 78
Reichleitner, Franz (SS, Hartheim und Vernichtungslager) 37
Renno, Georg (Arzt, Hartheim) 33, 34, **38,** 41, 57, 63
Rieger, Gustav (Häftling Mauthausen) **133**
Rieger, L. (US Soldat) 121
Roth Martin (SS Mauthausen) 95ff.

Samek, Emil (Häftling Mauthausen) **124f.**
Savourey, Maurice-Georges (Häftling Mauthausen) **112,** 117
Schöps, Josef (Häftling Mauthausen, Lagerältester) 131, 136, 149
Schuhmann, Horst (SS-Arzt, T.4) 120
Schulze, Karl (SS Mauthausen) 103, 109, 114f.
Schwarz, Hans (Häftling Dachau) 64ff.
Schwindemann, H. (Häftling Mauthausen) 119, 132
Seibel, Richard R. (US Soldat) **121**
Seidler, Fritz (SS Mauthausen) 126
Seiler, Rudolf (Häftling Mauthausen) 118
Slupetzky, Anton und Heinrich (Vergasungen in Gusen) 117f., 123, **124,** 129
Slupetzky, Firma (Lieferungen von Zyklon B) 117f.
Sobibor (Vernichtungslager) 31, 47
Solbad Hall (österreichische Nervenheilanstalt) 48f.
Sonnenstein (T.4 Anstalt) 32, 79, 120
Sorbet, Joseph (Häftling Mauthausen) 73
Stangl, Franz (SS; Hartheim und Vernichtungslager) 14, 31, 47
Steinmann, W. (SS Mauthausen) **135,** 140

Streitwieser, Anton (SS Mauthausen) 103, **108**
Susok, Franz (Häftling Mauthausen) 118

Taylor, Jack H. (Häftling Mauthausen) 96, 119, 139
Tiefenbacher, Albert (Häftling Mauthausen) 99, 119, **138,** 139
Tiegenhof (Dziekanka, polnisches Pflegeheim) 30
Treblinka (Vernichtungslager) 31
Trum, Andreas (SS Mauthausen) **110**

Ulbrecht, Josef (Häftling Mauthausen) 153, 156f.

Valduna (österreichisches Pflegeheim) 43, 48f.
Valley, Emile (Häftling Mauthausen) 21
Vanherle, Lucien (Häftling Mauthausen) 113

Warthegau 53
Wasicky, Erich (SS Mauthausen) 99, 109, 131
Wassner, Karl (SS Mauthausen) **72f.,** 132
Wirth, Christian (SS, Hartheim und Vernichtungslager) 14, 31, 36f., 41
Wlazowski, Zbygniew (Häftling Mauthausen) 125, 127, 129
Wolf, Oskar (Häftling Mauthausen) 132
Wolter, Waldemar (SS-Arzt, Mauthausen) 110, 111

Ybbs (Tarnbezeichnung für Hartheim) 60

Ziereis, Franz (SS, Kommandant von Mauthausen) **56,** 62, **108, 120, 131f., 161ff.**
Ziment, David (Häftling Mauthausen) 119
Zoller, Viktor (SS Mauthausen) **62**
Zutter, Adolf (SS Mauthausen) 109

NACHWORT VON WILLI DRESSEN

Schreckliches ist vor über 50 Jahren geschehen. Ein verbrecherisches Regime hat den massenhaften Mord an Unschuldigen zum Mittel seiner unverantwortlichen Politik gemacht. Der NS-Rassenwahn kannte kein Erbarmen. Geisteskranke, Behinderte, Alkoholiker, Tuberkulöse und andere „Minderwertige", welche die Rasse „von innen her gefährdeten", wurden „ausgemerzt". Juden, Sinti und Roma, Slawen und andere „schlechtrassige" ebenfalls, weil sie angeblich durch fremdes Blut die reine arische Rasse gefährdeten.

Millionen fielen dem Vernichtungswahn der Nationalsozialisten zum Opfer. Hunderttausende schmachteten in Konzentrationslagern und Gefängnissen, wo Tausende wegen der schlechten Lebensbedingungen verstarben oder von den SS-Schergen oder Kapos zu Tode gequält wurden bzw. plangemäß durch „Vernichtung durch Arbeit" ermordet wurden.

Diejenigen, die bei Kriegsende – oft schwer geschädigt an Leib und Seele – überlebt hatten, versuchten so gut es ging, diese Zeit zu verdrängen oder zu vergessen. Viele weigerten sich, noch einmal an diese Zeit erinnert zu werden und waren nicht dazu zu bewegen, freiwillig an den wenigen Prozessen, die gegen ihre Peiniger geführt wurden, als Zeugen teilzunehmen, zumal sie vor Gericht von den Verteidigern oft schlecht behandelt wurden.

Nur eine kleine Anzahl der Überlebenden begann die schreckliche Zeit, die sie erlebt hatten, zu reflektieren und einige veröffentlichten Erlebnisberichte, um so das ihnen zugefügte Leid zu verarbeiten. Naturgemäß waren diese Erlebnisberichte sehr oft stark emotional gefärbt und weniger wissenschaftlich-neutral gehalten.

Ein Mann wie Pierre Serge Choumoff, der lange Zeit in den als besonders schrecklich bekannten Lagern Mauthausen und Gusen verbracht hat, und dennoch ohne seinen Verstand und seine Vernunft durch Emotionen beeinträchtigen zu lassen, genaue Analysen über den Kranken- und Häftlingsmord gegeben hat, ist eine rühmliche Ausnahme. Dank ihm wissen wir heute mehr über den Ablauf der Vergasungen in Hartheim und sind genauer über das gesamte Geschehen informiert.

Er zeigt auch die Zusammenhänge auf, die zwischen den Todeslagern der Aktion Reinhard in Polen und der Tötungsaktion der Euthanasie bestanden haben. Gerade durch die Überstellung des „Fachpersonals" der

T.4 in die Todeslager der Aktion Reinhard wird die rassistische Gesamtabsicht des NS-Staates bei der Vernichtung der „Rassenschädlinge" deutlich.

Ebenso wird das Thema der „wilden Euthanasie", das auch für Österreich eine bedeutende Rolle gespielt hat, mit Sachkunde abgehandelt, wobei alle wichtigen Dokumente, die dazu gefunden werden konnten, sehr genau zitiert worden sind.

Großes Gewicht legt das Buch auf Hintergründe und die einzelnen Phasen der „Aktion 14 f 13", insbesondere soweit es die österreichischen Konzentrationslager und Nebenlager betrifft. Die Transporte von Häftlingen aus Mauthausen und Gusen in das angebliche Sanatorium von Dachau, das in Wirklichkeit die Tötungsanstalt Hartheim war, sowie die Invalidentransporte von Dachau nach Hartheim, werden in ihren einzelnen Phasen und ihrem Ablauf geschildert.

Anhand von Prozessunterlagen, Zeugenaussagen und Dokumenten wird dann die Existenz und der Vorgang der Vergasungen in Mauthausen untersucht, die Lieferung des Giftes Zyklon B in das Lager dokumentiert, sowie versucht, die Anzahl der Opfer bis zum Ende der Vergasungen festzustellen.

Wir erfahren von den Giftgastötungen im Nebenlager Gusen des Konzentrationslagers Mauthausen und weitere Einzelheiten über den Ablauf der Vergasungsaktionen in diesem Lager.

Ein besonderes Kapitel ist dem bisher weithin unerforschten Geheimnis des Einsatzes der Gaswagen auf der Strecke von Mauthausen nach Gusen und zurück gewidmet. Auf dieser nur fünf Kilometer langen Strecke wurden in einem regelrechten Pendelverkehr mit zwei Typen von Gaswagen insgesamt etwa 900 Häftlinge getötet. Mit großer Sorgfalt und Gespür für das Wichtige entwirrt das Buch die zahlreichen Zeugenaussagen, sodass – zusammen mit den vorhandenen Dokumenten – erstmals ein klares Bild von diesen blutigen Mordaktionen sichtbar wird.

Insbesondere bei dem Versuch, die Zahl der Opfer der Vergasungen in Mauthausen und Gusen sowie die Zahl der getöteten Häftlinge dieser Lager und schließlich die Gesamtzahl der Vergasungsopfer auf österreichischem Gebiet zu schätzen, hat der Verfasser eine umfassende und detaillierte Arbeit geleistet, wie sie bisher auf diesem Gebiet wohl noch nicht existiert. Er hat damit einen außerordentlich wertvollen Beitrag zum Umfang und zur Geschichte der nationalsozialistischen Tötungsverbrechen durch Giftgas in Österreich geleistet. Dabei hat er die Möglichkeiten, die ihm als ehemaligem Häftling in den österreichischen Lagern zur Verfügung standen, nach Kräften genutzt und nicht nur vorhandene Zeugenaussagen und Dokumente gewertet, sondern auch selber versucht, noch lebende Zeugen ausfindig zu machen und sie nach den damaligen Vorgängen zu befragen.

Durch dieses Buch wird eines der dunkelsten Kapitel der nationalsozialistischen Herrschaft auf österreichischem Boden in ein klareres Licht gestellt. Dass dies gleichzeitig eine schmerzhafte Prozedur darstellt, ist nicht zu vermeiden. Aber „nicht das Wegsehen, sondern das Hinsehen befreit die Seele", wie ein bekannter deutscher Philosoph mit Recht sagt. Dieses Buch aber schaut genau hin und wird damit auch dem Anspruch der Opfer auf die Dokumentierung ihrer Leidensgeschichte gerecht.

Willi Dreßen, Oberstaatsanwalt
Leiter der Zentrale Stelle der Landesjustizverwaltungen, Ludwigsburg